C.H.BECK WISSEN

in der Beck'schen Reihe

Diese kleine Einführung in das Zeitalter der Aufklärung porträtiert die Aufklärungsbewegungen in England, Frankreich und Deutschland, ihre wichtigsten Positionen, Philosophien und Protagonisten. Darüber hinaus nimmt sie die – häufig vernachlässigte – Aufklärung in anderen europäischen Ländern sowie in Amerika in den Blick. Schließlich erörtert sie auch die Grundprobleme jeder Aufklärungstheorie und stellt die Frage nach der Aktualität der Aufklärung.

Werner Schneiders, geb. 1932, war bis 1997 Professor für Philosophie an der Universität Münster. Er war Präsident der Deutschen und Mitglied des Vorstandes der Internationalen Gesellschaft zur Erforschung des 18. Jahrhunderts. Neben zahlreichen anderen Veröffentlichungen hat er bei C. H. Beck das „Lexikon der Aufklärung" (1995) herausgegeben sowie die Bände „Deutsche Philosophie im 20. Jahrhundert" (1998, bsr 1259) und „Wieviel Philosophie braucht der Mensch? Eine Minimalphilosophie" ([2]2001, bsr 1368) veröffentlicht.

Werner Schneiders

DAS ZEITALTER DER AUFKLÄRUNG

Verlag C.H.Beck

1. Auflage. 1997
2., verbesserte Auflage. 2001

3. Auflage. 2005

Originalausgabe

Gesamtherstellung: Druckerei C. H. Beck, Nördlingen
Umschlagentwurf: Uwe Göbel, München
Printed in Germany
ISBN 3 406 44796 1

www.beck.de

Inhalt

I. Aufklärung – ein neues Zeitalter

1. Aufklärung als Antwort

Aufklärung zielt auf Wahrheit durch Klarheit, aber auch auf Freiheit und Selbständigkeit. Der Ausdruck *Aufklärung* bezeichnet ursprünglich eine rationale Operation, die – als „Aufklärung des Verstandes" – zur Klärung von Begriffen, Behebung von Unwissenheit und Unvernunft usw. führen soll (rationalistischer Aufklärungsbegriff); dann aber bezeichnet *Aufklärung* auch eine emanzipative Aktion, die – z.B. als „Ausgang aus der selbstverschuldeten Unmündigkeit" – zur Befreiung von Fesseln aller Art führen soll (emanzipatorischer Aufklärungsbegriff). Entsprechend heißt auch die geschichtliche Bewegung, die mehr oder weniger programmatisch auf solche Aufklärung im systematischen Sinne des Wortes abzielte, *Aufklärung* im historischen Sinne des Wortes; und da sie wesentlich ins 18. Jahrhundert fällt, heißt dieses (mit einer gewissen zeitlichen Unschärfe) das „Zeitalter der Aufklärung". Diesem Selbstverständnis der Aufklärung entsprechen auch eine Reihe anderer Selbstbezeichnungen, die alle spätestens am Ende des 18. Jahrhunderts formuliert wurden. Da die Aufklärung in erster Linie auf den Verstand bzw. die Vernunft vertraut, heißt die von ihr dominierte Epoche auch „Zeitalter der Vernunft", und weil sie wesentlich als Kritik (Kritik des Aberglaubens und der Vorurteile, des Fanatismus und der Schwärmerei) auftritt, heißt sie auch „Zeitalter der Kritik". Außerdem wird das 18. Jahrhundert, weil es sich im allgemeinen der Führung durch die Philosophie anvertraute, das „philosophische Jahrhundert" genannt. Bis heute treten viele betont kritische oder betont vernunft- und freiheitsorientierte Aktivitäten bzw. Forderungen nach solchen Aktivitäten (quasi metahistorisch) im Namen der Aufklärung auf; sie beziehen sich insofern, wenn auch meist nur indirekt und sehr selektiv, immer noch auf das „Zeitalter der Aufklärung".

Geschichtlich gesehen war die Aufklärung zunächst eine Antwort auf eine bestimmte Situation. Mit der Ausbildung erster zentral regierter und dann mehr und mehr national bestimmter Großstaaten wie England und Frankreich und der gleichzeitigen Spaltung der Kirche durch die Reformation war in Europa seit dem 16. Jahrhundert eine völlig neue geistige und gesellschaftliche Problemlage entstanden, die durch das gleichzeitige Aufkommen einer tendenziell theologie- und philosophiefreien Wissenschaft noch verschärft wurde. Die sogenannte Neuzeit begann als Kampf um eine Neuordnung auf allen Gebieten des geistigen und gesellschaftlichen Lebens, insbesondere als intellektueller und politischer Streit über die wahre Religion und die richtige Staatenordnung. Ideologische und militärische Kriege in und zwischen den Staaten, von denen der Dreißigjährige Krieg (1618–1648) nur der bekannteste ist, prägen das 17. Jahrhundert und damit die Ausgangslage der Aufklärung am Ende dieses Jahrhunderts.

Das Religionsproblem, wie es sich in der zweiten Hälfte des 17. Jahrhunderts stellt, ist vor allem durch die konfessionelle Spaltung charakterisiert. Die Reformationsbestrebungen des 16. Jahrhunderts hatten nicht zu einer allgemein anerkannten Lösung, sondern nur zur Bildung rivalisierender Kirchen und Schulen geführt, damit zu einem neuen theologischen und letztlich politischen Streit. Auch der Westfälische Friede (1648) hatte nur in Deutschland eine gewisse Beruhigung der Lage bewirkt, in England und Frankreich gingen die blutigen Streitigkeiten noch jahrzehntelang weiter. Angesichts dieser traumatischen Erfahrung permanenter Religions- und Bürgerkriege entstanden zwei eng miteinander verknüpfte Forderungen: das Postulat einer vernünftigen Religion bzw. natürlichen Theologie und das Postulat der Religionsfreiheit, das sich dann zur Forderung nach einer allgemeinen Denk- und Redefreiheit, später auch nach Pressefreiheit, erweitern konnte. Vor allem aber suchte die Aufklärung die wahre Religion nicht mehr in kirchlichen Dogmen, sondern in der praktischen Moral; angesichts der Verunsicherung über die Wahrheiten der Religion wird die Tugend zur diesseitigen Ersatzreligion. So entwickelten sich die emphatischen Forderungen der Aufklärung nach Vernunft, Freiheit und Tugend.

Die Politik, so wie die Aufklärung sie sah, war ebenfalls durch Unvernunft, Unfreiheit und Unmoral charakterisiert. Die Monarchie, die seit Menschengedenken politischer Normalzustand war und auch von der Aufklärung nur ausnahmsweise und erst spät in Frage gestellt wurde, tendierte angesichts der neuen Macht- und Ordnungsprobleme überall zum Absolutismus, der zunächst den alten Kriegsadel mit Hilfe des Bürgertums, dann aber auch das erstarkte Bürgertum selbst mit Hilfe des neuen Militärs zu unterdrücken suchte. Daraus ergaben sich für die Aufklärung zwei mögliche Konsequenzen (falls sie nicht wie in England eine alte konstitutionelle Monarchie bereits vorfinden konnte): entweder zu versuchen, den Absolutismus im Sinne ihrer eigenen Ziele, nämlich der Verbreitung von Tugend und Verstand, zu instrumentalisieren und gegebenenfalls auf Freiheit durch Reformen zu hoffen; oder die absolute Monarchie als Haupthindernis aller Weltverbesserung, als Despotismus oder Tyrannei, direkt zu bekämpfen und in der einen oder anderen Form eine Revolution zu propagieren. Die weitaus meisten Aufklärer haben die zunächst aussichtsreichere erste Möglichkeit verfolgt und, soweit sie nicht für eine liberalisierte konstitutionelle Monarchie plädierten, eine Verbindung zwischen Aufklärung und Absolutismus in einem aufgeklärten Reformabsolutismus angestrebt. Erst nach der Französischen Revolution haben sich eine Reihe von Aufklärern, jedoch längst nicht alle, für irgendeine Form von demokratischer Republik ausgesprochen. Die Sorge der Aufklärer um Vernunft und Moral war offensichtlich größer als ihr Interesse an einer Freiheit für alle.

Ein erster exemplarischer Fall von selbständigem Vernunft- oder Verstandesgebrauch lag für die Zeitgenossen in der Naturwissenschaft vor, die sich seit dem 16. Jahrhundert mehr und mehr als eine eigene geistige Macht etabliert hatte; um die Mitte des 17. Jahrhunderts hatte sie schon die meisten klerikalen Bevormundungen abgeschüttelt, so daß sie nun als Modell eines theologieunabhängigen Denkens gelten konnte. Damit entstanden auch erste Hoffnungen auf eine freiere, mit der Wissenschaft eng verknüpfte Philosophie; die tendenziell theologiefreie Welterkenntnis ließ eine vernünftige Gottes- und bessere Menschenerkenntnis als möglich erscheinen und damit auch Fortschritte in praktischen, technischen wie moralischen Fragen. Das Faktum der Naturwissenschaft evozierte die Idee einer neuen Politik- und Moralwissenschaft (Naturrecht) und bestärkte die Hoffnungen auf Vernunft und Freiheit. Kurz, die Philosophie und damit die Aufklärung konnte die freie Wissenschaft als ihren Hauptverbündeten und sich selbst als Wissenschaft betrachten.

Der Blick auf Religion, Politik und Wissenschaft macht die Aufklärung von ihrem Anfang her als Reaktion auf eine geschichtliche Situation verständlich. Angesichts der Erfahrung der Unvernunft in Religion und Politik und der Erfolge von Verstand oder Vernunft in den neuen Wissenschaften setzen die Aufklärer auf Verstand und Vernunft, und zwar auf die Aktivität des eigenen Denkens (Selbstdenkens), für das folglich mehr und mehr auch Freiheit (Mündigkeit) gefordert werden muß. Die Vernunft ist Mittel und Instanz, um die wahren Sachverhalte gegen die reale Unvernunft und damit gegen Schein und „Verblendung“ zu verteidigen. Als erstes müssen Aberglaube und Schwärmerei, Vorurteile und Fanatismus bekämpft werden – die Stoßrichtung dieser Begriffe zielt offensichtlich auf Erscheinungsformen der Religion, die als Entartungen kritisiert werden. Zugleich drängt sich angesichts der Mängel des Glaubens, aber auch der Gesellschaft, an die Stelle der geschichtlichen Offenbarung die durch Vernunft erkennbare Natur als Norm und Wahrheitskriterium, also ein normativer Naturbegriff, der teils wissenschaftlich, teils metaphysisch konzipiert ist und vermutlich gerade wegen dieser Ambivalenz in neuartiger, emphatischer Weise zur Berufungsinstanz von Argumentationen werden kann. Da jedoch die Mächte der Politik und Religion sich der unmittelbaren Einwirkung der Aufklärung im allgemeinen entziehen, wird die Vermehrung des Lichts der Erkenntnis („Verbesserung des Verstandes“) und die dadurch erhoffte Ausbreitung der Moral („Verbesserung des Willens“) zum ersten Ziel der Aufklärung. Auf diesem Hintergrund lassen sich die meisten

Forderungen bzw. Hoffnungen der Aufklärung (Fortschritt und Freiheit, Toleranz und Menschenrechte usw.) als Folgerungen aus ihrer Hoffnung auf Vernunft und ihrem Willen zur Vernunft verstehen.

Ganz allgemein gesprochen war die Aufklärung des 18. Jahrhunderts also eine geistige und gesellschaftliche Reformbewegung, die sich von der Klarheit des Denkens nicht nur geistige Fortschritte, sondern auch Besserung aller Verhältnisse versprach. Offensichtlich gibt es nun nach Jahrhunderten primär theologischen Denkens ein deutlich verstärktes anthropologisches Interesse, das u.a. zur Entwicklung der Humanwissenschaften, aber auch zur Frage nach der Bestimmung des Menschen führt; daher tritt auch an die Stelle der Gemeinde in Gott bzw. im Glauben mehr und mehr die bürgerliche Geselligkeit. Und offensichtlich gibt es nun nach Jahrhunderten großer Gläubigkeit, Abergläubigkeit und Leichtgläubigkeit eine deutliche Tendenz zu kritischem Denken, wie sie in den ständig wiederholten Forderungen nach Aberglaubens- und Vorurteilskritik, Kritik des Fanatismus und der Schwärmerei zutage tritt. Dieses kritische Denken ist, da es sich auf die individuelle Vernunft beruft und an die individuelle Vernunft appelliert, der Absicht nach vernünftiges und eigenständiges Denken und insofern durch betonte Rationalität und Authentizität charakterisiert. Selbständigkeit im Denken und Handeln wird zu einer zentralen Forderung, die zumindest indirekt auch die Forderung nach Freiheit impliziert. Vor allem aber scheinen sich viele Aufklärer mangels direkter Wirkungsmöglichkeiten von der wiederholten Aufforderung zur Tugend eine Besserung des Individuums und dadurch der Gesellschaft zu erhoffen.

Aufklärung ist nicht nur eine Ideenformation. Als Antwort auf eine geschichtliche Herausforderung war sie ursprünglich Aufbruch in eine neue Zeit und daher als solche auch Bruch mit Traditionen. Aufklärung ist auf Veränderung gerichtet. Sie ist ein Prozeß, und zwar nicht nur ein Reflexions-, sondern auch ein Reformprozeß; d.h. sie ist von ihrem Ansatz und ihrer Absicht her eine Reformbewegung, eine geistige und moralische, nicht zuletzt aber auch eine religiöse und politische Reformbewegung, an der sich Menschen aus allen Schichten beteiligen. Aber natürlich ist der Wille zur Weltveränderung und Weltverbesserung in der gesellschaftlichen Gruppe am stärksten, die als aufstrebende gesellschaftliche Formation davon zugleich am meisten zu profitieren hofft, also im sogenannten dritten Stand, im Bürgertum. Das geistig und gesellschaftlich aufsteigende Bürgertum (Besitzbürger, Bildungsbürger usw.) drängt auf ideelle und materielle Fortschritte und sieht in der auf Vernunft und Freiheit gerichteten Aufklärung auch eine Waffe gegen die herrschenden geistlichen und adeligen Mächte; auch seine zunächst unpolitische, private Moral kann sich gegen die faktische Religion und Politik richten.

Das neue Denken verbindet sich mit einem neuartigen Willen zur Umgestaltung aller Gebiete des Lebens, es will wirken oder praktisch werden. Die Aufklärung war, wie schon das Wort besagt, eigentlich und ursprünglich eine Aktion, kein automatischer Prozeß. Sie lebte vom Denken und Wollen der sie tragenden und vorantreibenden Personen. Allerdings gerieten auch in der Aufklärung der Anfang und die Anfangsbedingungen bald in Vergessenheit. Aufklärung wurde zu einer Weltanschauung, zu einem variablen Ensemble von Ideen in einem relativ festen Denkrahmen, zu einem von der Wirklichkeit sich abkoppelnden Gedankengebäude.

2. Aufklärung durch Philosophie

Während im 18. Jahrhundert das Interesse an der Theologie überall sank, stieg das Ansehen der Philosophie wie nie zuvor seit der Antike; die Philosophie wurde zur maßgeblichen Denkform. Die Philosophen sind die großen Vordenker der Aufklärung, die französischen Aufklärer nennen sich selbst ausdrücklich *philosophes*. Zwar mag die Philosophie für viele Aufklärer auch eine Art Ersatztheologie gewesen sein, die Aufklärung selbst verstand sich als eine durch und durch profane Wissenschaft oder Weisheit. Sie berief sich nicht nur wie immer schon auf das natürliche Licht der Vernunft (im Unterschied zum übernatürlichen Licht der Offenbarung oder Gnade), sondern betonte jetzt den Unterschied mit allem Nachdruck; und natürlich lehnte sie auch mehr und mehr das Evangelium als Korrektiv der natürlichen Erkenntnis ab. In Deutschland verstand sich die Philosophie sogar terminologisch als „Weltweisheit" im Unterschied zur Gottesgelehrtheit. Allerdings wurde auch im 18. Jahrhundert der Unterschied der Aufklärung zur Wissenschaft immer deutlicher, nämlich in dem Maße, in dem der Unterschied zwischen Philosophie und Wissenschaft klarer wurde.

Als im 17. Jahrhundert mit der modernen Naturwissenschaft eine tendenziell theologie-, aber auch philosophiefreie Erkenntnis entstand, versuchte die Philosophie zunächst, sich selbst nach dem Modell einer methodischen und exakten, allgemeingültigen Wissenschaft neu zu konstituieren und Physik durch Metaphysik als Wissenschaft zu überbieten, dann aber auch die Wissenschaft erkenntnistheoretisch zu hinterfragen und so die Philosophie als eine Art Metawissenschaft zu begründen. Und da zugleich der empirisch-hypothetische Charakter der exakten Wissenschaften immer deutlicher wurde, mußte auch klar werden, daß die Wissenschaft wesentliche Fragen nicht beantworten konnte, daß mit dem Positivismus der Wissenschaft die Suche nach letzten Prinzipien noch nicht erledigt war; einige sahen schon die Gefahr des Mißbrauchs der Wissenschaft bei mangelnder Moral, und viele befürchteten sogar die Zerstörung der Religion durch die Wissenschaft und deren immanente Tendenzen zum Atheismus und Materialismus. Jedenfalls läßt die methodische Ausklammerung aller Sinnfragen in der exakten Wissenschaft alle prinzipiellen, aber auch alle aktuellen Fragen unbeantwortet. Deren Beantwortung wird jetzt von der Philosophie erwartet. Aufklärung ist also, obwohl sie sich immer wieder auf die Wissenschaft beruft, selber keine Wissenschaft; soweit sie sich selbst als wissenschaftliche Erkenntnis begreift, muß sie Wissenschaft in einem sehr weiten Sinne verstehen. Aber natürlich muß auch Philosophie in einem sehr weiten Sinne verstanden werden, wenn Aufklärung als Philosophie bezeichnet werden soll bzw.

Aufklärer sich selbst als Philosophen bezeichnen; Philosophie im Sinne einer Fachdisziplin wird zwar zur neuen „Leitwissenschaft", dennoch sind die Aufklärer im allgemeinen keine Fachphilosophen. Im Grunde ist Aufklärung als Orientierungswissen oder Orientierungsversuch eine Antwort auf die (angesichts des Verlustes der religiösen Gewißheiten) durch die Wissenschaft sichtbar gewordene Sinnfrage.

Die Beziehung der Philosophie zur Wissenschaft, die einerseits immer wieder in die Frage münden mußte, ob und wie die Philosophie eine exakte, gewisse und allgemeingültige Wissenschaft werden könne, andererseits zur Erkenntnistheorie und Erkenntniskritik führen mußte, erhielt im 18. Jahrhundert einen besonderen Akzent dadurch, daß die Philosophie der Aufklärung wie auch die Aufklärung als Philosophie sich mit Nachdruck praktischen Fragen widmete, also Fragen der Rechts- und Moralphilosophie (z.B. der Affekten- oder Naturrechtslehre), aber auch der Politik und der Pädagogik, gelegentlich auch Fragen der Medizin und der Technik, während die spekulative Metaphysik meist der Verachtung anheimfiel. Natürlich gab es trotzdem immer auch theoretische Philosophie, insbesondere Erkenntnistheorie, und selbstverständlich auch Metaphysik, aber fast immer verstand sich die Aufklärungsphilosophie als praktische Philosophie. Als kritisch praktizierte Philosophie ist sie sogar eine kämpferische Philosophie, eine philosophia militans.

Während die Philosophie mit der Wissenschaft ein kritisches Bündnis anstrebte, ging sie mit der Literatur nicht selten eine wohl einmalige Symbiose ein. Beide kümmerten sich gleichermaßen um die Verbreitung von Verstand und Tugend, und nicht selten fanden sich Philosoph und Poet sogar in Personalunion. Diese Kooperation kam von beiden Seiten her zustande. Auf der einen Seite war das Können der Dichter immer noch an Kennen gebunden, Kunst setzte Kenntnis voraus, z.B. der Grammatik und Poetik, der Mythologie und der Emblematik; außerdem waren die Schriftsteller, da sie Aufklärung verbreiten wollten, auch selbst an Erkenntnissen aller Art und insbesondere an philosophischer Erkenntnis interessiert. Daher waren die Dichter noch mit Vorrang Gelehrte. Aber natürlich waren nicht alle Formen der Literatur gleichermaßen für die Zwecke der Aufklärung geeignet, die Lyrik z.B. war anscheinend ebensowenig geeignet wie das klassische Epos und die klassische Tragödie, die immer noch aristokratisch orientiert waren. Einen Aufschwung hingegen erlebten die kleineren, lehrhaften Literaturformen wie z.B. Lehrgedichte und Fabeln sowie Satiren. Hinzu kam im 18. Jahrhundert der Roman, der (frei von allen alten poetischen Regeln) viel Raum für freies Räsonieren bot, vor allem in der eine Kommunikation simulierenden Form des Briefromans. Auf der anderen Seite waren die Philosophen der Aufklärung, da sie die Welt durch Information und Kritik ändern wollten, notwendigerweise an der Ausbreitung ihrer „Weltweisheit" interessiert. Da die praktischen Wirkungsmöglichkeiten wie eh und je so auch im 18. Jahrhundert für Philosophen äußerst beschränkt waren, mußten die Aufklärer versuchen, die Welt, die sie verbessern wollten, durch Denken und Schreiben zu verändern. Folglich mußte die Philosophie, die jahrhundertelang nur Schulphilosophie gewesen war, der Welt angepaßt werden; die Weltweisheit mußte als weltliche Weisheit und Wissen über die Welt auch Weisheit für die Welt sein. Kurz, die Philosophie mußte sich möglichst populär und praktikabel darstellen, d.h. als „Popularphilosophie" oder „Philosophie für die Welt" mußte sie eine literarische Form der Vermittlung suchen, die möglichst viele ansprechen konnte. Daher trafen sich Philosophen und Poeten nicht selten in der Mitte, nämlich auf dem Gebiet der ebenso unterhaltsamen wie unterrichtenden Zeitschrift. Philosophie und Literatur bildeten gemeinsam die „Papierkultur" der Aufklärung, eine alles umfassende Wortkunst oder vielmehr Schreibkunst; zusammen machten sie das 18. Jahrhundert zum „tintenklecksenden Saeculum". Deshalb bedeutet von der Aufklärung zu sprechen, hauptsächlich von der Philosophie und der Literatur des 18. Jahrhunderts zu sprechen.

3. Erscheinungsformen der Aufklärung

So wie der programmatische Aufklärungsbegriff systematisch unterschieden werden kann (rationalistische und emanzipatorische Aufklärung, Selbstaufklärung und Aufklärung des anderen, Aufklärung von oben oder von unten, Fürstenaufklärung und Volksaufklärung usw.), so muß auch der historische Aufklärungsbegriff (z.B. nach Generationen und Nationen) differenziert werden. Trotz aller Einheit in gewissen Grundgedanken zeigen sich doch große Unterschiede, sobald auf das Wann und Wo sowie die Entwicklung der Aufklärung gesehen wird. Hinzu kommen die Unterschiede, die sich aus den verschiedenen Gebieten des geistigen und gesellschaftlichen Lebens (Philosophie und Literatur, Religion und Politik usw.) sowie aus der unterschiedlichen Art und Weise ihrer Durchführung ergeben. Daraus resultieren viele, manchmal kaum korrelierbare Erscheinungsformen der Aufklärung.

Die Aufklärung war zwar die mächtigste Bewegung des 18. Jahrhunderts, aber sie ist mit diesem weder sachlich noch zeitlich deckungsgleich. Als Antwort auf die religiöse und politische Grundsituation Europas begann sie ansatzweise schon lange vor 1700, klar erkennbar dann in den achtziger Jahren des 17. Jahrhunderts, und zwar – nahezu gleichzeitig und voneinander unabhängig – in England, Frankreich und Deutschland. Dabei war der Charakter der Aufklärung von vornherein durch die national unterschiedliche Ausgangssituation und die unterschiedliche Art der Anfänge bestimmt. Schlagwortartig lassen sich drei symbolische Daten und damit drei spezifische Tendenzen nennen. In England begann die Aufklärung mit einem alles bestimmenden politischen Sieg, nämlich mit der Glorious Revolution von 1688; dadurch wurde die parlamentarische Monarchie festgeschrieben, die Aufklärung konnte sich auch als Religionskritik relativ ruhig entwickeln. In Frankreich begann die Aufklärung mit einer religiösen Katastrophe, nämlich mit der Aufhebung des Edikts von Nantes 1685; dies führte zur fast völligen Vernichtung bzw. Vertreibung der Protestanten (Hugenotten). Frankreich wurde durch die feste Verbindung von Katholizismus und Absolutismus zu einem reaktionären Staat, in dem so etwas wie Aufklärung nur als (zunächst geheime) grundsätzliche Opposition möglich war. In Deutschland gab es kein epochales, politisch oder religiös bedeutsames Datum, das als Anfang der Aufklärung dingfest gemacht werden könnte; in Frage käme allenfalls ein zunächst provinzielles akademisches Ereignis, nämlich die spektakuläre Einführung der deutschen Sprache an der Universität Leipzig (1687). Dadurch wurde eine Universitätsreform angestoßen, die auf eine allgemeine Kultur- und Gesellschaftsreform zielte.

Diese Unterschiede zwischen den einzelnen Ländern wurden noch durch eine Reihe weiterer Faktoren verstärkt. So besteht zwischen England und Frankreich seit dem Mittelalter ein relativ enger, wenn auch immer wieder konfliktreicher Kontakt; entsprechend rege war auch im 18. Jahrhundert der wechselseitige Kulturaustausch und damit auch der Aufklärungstransfer. Demgegenüber bleibt Deutschland, weil in sich zersplittert, in vielfacher Hinsicht rückständig und aus diesem kulturellen Prozeß ausgeschlossen. Schon aus sprachlichen Gründen bleibt die deutsche Kultur im allgemeinen und die deutsche Aufklärung im besonderen nahezu unbeachtet, während in Deutschland aufgrund des Kulturgefälles zumindest auf einigen Gebieten in hohem Maß die französische, aber auch die englische Kultur rezipiert wird. Im Grunde ist die Aufklärung des 18. Jahrhunderts, trotz ihres betonten Kosmopolitismus, de facto national, und der überall als Tugend propagierte Patriotismus verstärkt die Tendenzen zur nationalen Selbstisolierung.

So wie die Aufklärung in England, Frankreich und Deutschland nahezu gleichzeitig begonnen hatte, so endete sie auch überall nahezu gleichzeitig, und zwar aufgrund der internationalen Situation, nicht nur aus national verschiedenen Gründen. In allen drei Ländern erreichte die Aufklärung um die Jahrhundertmitte einen gewissen Höhepunkt, danach gab es kaum noch innovative Leistungen, fast nur noch Ausbreitung und Vertiefung des Erreichten. Zugleich begannen sich in allen drei Ländern neuartige Gegenbewegungen zu formieren, sie bereiteten das Ende der betont kritischen Geisteshaltung der Aufklärung vor. Das wirkliche Ende kam jedoch erst durch das unerwartete und epochal folgenreiche Ereignis der Französischen Revolution (1789). Zwar wurde diese von den meisten Aufklärern zunächst begeistert aufgenommen, z.T. sogar als Bestätigung ihrer kühnsten Hoffnungen verstanden, aber das neue Faktum stellte sie auch vor das Dilemma, entweder ihren Ideen oder ihren revolutionsfeindlichen Regierungen treu zu bleiben. Der weitere Verlauf der Revolution (Hinrichtung des Königs, Terrorismus, französischer Imperialismus) entschied dann überall gegen die Aufklärung. Daher kann das Datum der Französischen Revolution bzw. ihrer „Ausartung" (1793) oder ihrer Beendung durch Napoleon (1799) als symbolisches Datum für das Ende der Aufklärung fungieren, auch wenn viele ihrer Vertreter noch bis zum Beginn des 19. Jahrhunderts lebten und publizierten. Insofern ist das Zeitalter der Aufklärung eine hinreichend klar definierte Epoche. So oder so umfaßt es vier Generationen, die sich in Deutschland z.B. im Hinblick auf die Philosophie als Frühaufklärung, schulphilosophische und popularphilosophische Hochaufklärung und Spätaufklärung unterscheiden lassen; im Hinblick auf andere Länder und andere Kultursphären dürften andere Periodisierungen möglich oder nötig sein.

In jedem Fall ist mit einer Vielfalt von Erscheinungsformen zu rechnen. Hinzu kommen nämlich noch die kaum aufzulistenden Verschiedenheiten zwischen den einzelnen Formen kultureller Aktivitäten und damit auch der sie tragenden Personen. Philosophen, die Vernunft, Freiheit und Moral propagieren, haben zumindest z.T. andere Interessen als Rechts- oder Religionsreformer, Schul- oder Universitätsreformer, Landwirtschafts- oder Theaterreformer. Die einen wollen den mündigen Menschen, die anderen vielleicht nur den nützlichen oder frommen Bürger. Der Dichter denkt auch als Aufklärer anders als der Philosoph. Außerdem wird die differenzierte Erscheinungsform der Aufklärung in den verschiedenen Ländern durch die unterschiedliche Praxis der Aufklärung geprägt. Denn einerseits mußten die Aufklärer, auch wenn sie Einzelkämpfer waren, an die vorhandenen Organisationsformen oder Institutionen der Erkenntnisgewinnung und Erkenntnisvermittlung anknüpfen, andererseits gab es auch so etwas wie eine Selbstorganisation der Aufklärung. So spielten z.B. in Deutschland von Anfang an die Universitäten eine große Rolle, in England und Frankreich hingegen die Clubs bzw. Salons. Allgemeine Grundvoraussetzungen ergaben sich hingegen überall durch die Fortschritte des Buchdrucks. Da das geschriebene Wort das wichtigste Medium der Aufklärung war, entstanden, neben der wachsenden Buchproduktion, überall informative und kritische Zeitschriften, die u.a. über Bibliotheken und Lesegesellschaften ihr räsonierendes und diskutierendes Publikum fanden. Die Presse wurde zu einer Hauptmacht der Aufklärung. Außerdem formierten sich überall sogenannte Patriotische Gesellschaften, die allgemeinen oder besonderen Reformen dienen sollten, aber auch Geheimgesellschaften (wie die der Freimaurer), die – im Widerspruch zum aufklärerischen Postulat der Publizität – durch das Versprechen, in angebliche Geheimnisse einzuführen, sogar zahlreiche prominente Mitglieder anlockten.

Angesichts der Verschiedenheit der Entwicklungen in England, Frankreich und Deutschland, der noch die Vielheit anderer Entwicklungen in Europa und anderswo hinzuzufügen ist, angesichts der Unterschiede der Generationen und geistigen Gebiete sowie in der praktischen Durchführung der Aufklärung, könnte man mit guten Gründen vermuten, daß es besser sei, statt von Aufklärung von Aufklärungen zu reden. Dies ist auch sinnvoll, wenn so die Verschiedenheit der Aufklärungen in den verschiedenen Ländern und damit die Vielfalt der Aufklärung, z.B. auch die Eigenart und Eigenständigkeit der deutschen Aufklärung, betont werden soll. Aber solange mit gutem Grund von Aufklärung in England, Frankreich, Deutschland usw. gesprochen wird, bleibt auch ein Oberbegriff *Aufklärung* erhalten und damit eine Art Einheit oder Gemeinsamkeit vorausgesetzt. Und in der Tat finden sich, bei aller Differenz und Divergenz im einzelnen, in allen diesen Aufklärungen gewisse Grundmuster des Denkens und Wollens. Die Forderungen nach Vernunft, Freiheit und Tugend sind überall mehr oder weniger Grundforderungen; sie bilden zugleich ein relativ stabiles Ensemble von Grundhoffnungen. Der Kampf gegen Unwissenheit und Unvernunft, insbesondere gegen die religiös gewandete Unvernunft, ist überall ein zentrales Anliegen. Entsprechend ist auch die Aufklärungsmetaphorik (Licht gegen Dunkelheit, Klarheit gegen Wolken und Nebel) im wesentlichen überall dieselbe. Insofern sollte es an der Einheit der Aufklärungsbewegung, bei aller Variabilität ihrer geistigen und gesellschaftlichen Grundtendenzen, eigentlich keine Zweifel geben; insofern sollte auch ein einheitlicher und zugleich flexibler, sozusagen mittelfester Aufklärungsbegriff möglich sein.

Aber natürlich sind auch die Aufklärer des 18. Jahrhunderts nie nur Aufklärer gewesen. Sie haben – nicht selten widersprüchlich in sich selbst – immer auch an vielen anderen Strömungen ihrer Zeit teilgenommen, z.T. sogar an deutlich gegenaufklärerischen Tendenzen. Es gibt Wissenschaftler, die noch am Hexenglauben festhalten oder im Magnetismus die Erklärung für alles vermuten, Philosophen, die einerseits zum Rationalismus und Empirismus, andererseits zum Mystizismus neigen; viele vernunftorientierte Schriftsteller triefen zugleich vor Sentimentalität. Erkenntnistheoretischer Empirismus und kritisch-praktischer Rationalismus stehen oft hart nebeneinander. Vor allem verbinden sich immer wieder scheinbar bruchlos wissenschaftliche (rationalistische) und religiöse (emotionale) Einstellungen. In Deutschland z. B. sympathisieren viele kritische Aufklärer zugleich mit dem Pietismus. Kurz, es gibt auch im Zeitalter der Aufklärung keinen chemisch reinen Aufklärer.

II. England: Common Sense und Moral Sense

1. Parlamentarismus und Pragmatismus

England, d.h. das Gebiet, das heute Großbritannien oder Vereinigtes Königreich genannt wird, ist seit alters her durch seine Insellage bestimmt; fern vom Reich und von Rom konnte sich England immer schon äußeren Einwirkungen weitgehend entziehen. Zunächst zerfiel die Insel allerdings noch in England und Wales sowie das bis 1707 selbständige Schottland und wurde erst allmählich mit Waffengewalt geeint. Auch Irland wurde unterworfen, rebellierte aber immer wieder gegen die englische Oberherrschaft, was im Ergebnis zu seiner noch heute andauernden Teilung führte. Daher gehören zur Geistesgeschichte Englands im 18. Jahrhundert sowohl die Unterschiede als auch die teils engen, teils losen Verbindungen zwischen England (im engeren Sinne des Wortes) und Wales einerseits, Schottland und Irland andererseits.

Seit dem Mittelalter hatte sich in den Kämpfen zwischen den Königen und den Baronen eine Art Adelsparlament herausgebildet, dem sich später der niedere Adel (gentry) und die reichen Bürger anschlossen, so daß in England bereits seit dem 14. Jahrhundert ein Zwei-Kammer-Parlament mitregierte. Unter Heinrich VIII. (1509–1547) kommt es dann wegen dessen Scheidung zur Abtrennung der englischen Kirche von Rom und zur Gründung einer eigenen Anglikanischen Kirche. Damit entstand eine komplizierte religiöse Situation, da Schottland und Irland (sowie breite Schichten Englands) zunächst katholisch blieben, dann aber in Schottland eine aggressive Form des Calvinismus aufkam, die sich als Presbyterianismus nach England ausdehnte. Die dort wegen ihrer demonstrativen Sittenstrenge „Puritaner" genannten englischen Calvinisten fanden im Bürgertum und im Parlament eine große Mehrheit. Außerdem entstanden in England noch zahlreiche Sekten, von denen die der Quäker die bekannteste ist. Aus der Sicht der Anglikanischen Kirche, die durch Elisabeth I.

(1558–1603) zur anerkannten Staatskirche wurde, waren sie letztlich alle Abweichler (*dissenters*).

Das 17. Jahrhundert blieb zutiefst durch den Streit zwischen dem religiös unterschiedlich besetzten Parlament und den meist katholischen und absolutistisch gesinnten Königen aus dem Hause der Stuarts bestimmt. Nach einem kurzen Bürgerkrieg ließ Oliver Cromwell (1599–1658), der Heerführer des Parlaments, 1649 den König hinrichten und die Monarchie abschaffen. Zwar setzte er sich für Toleranz gegenüber den anderen Konfessionen (mit Ausnahme der Katholiken) ein, faktisch waren jedoch die ehemals verfolgten Puritaner nicht weniger intolerant als z.B. die Katholiken; unter ihrer Herrschaft erreichte auch die Zahl der Hexenprozesse einen Höhepunkt. Aber schon bald nach Cromwells Tod kamen die Stuarts wieder an die Macht, und an die Stelle der religiös-moralischen Militärdiktatur trat eine neue weltoffene Monarchie. Als aber die neuen Könige begannen, eine Rekatholisierungspolitik zu betreiben, schloß das Parlament durch Gesetze, die bis ins 19. Jahrhundert Geltung hatten, alle Nichtanglikaner von höheren staatlichen Positionen aus. Es setzte den König ab und rief Wilhelm von Oranien als William III. (1689–1702) in der *Glorious Revolution* zum neuen König aus. Damit waren 150 Jahre Religions- und Bürgerkriege beendet, Parlamentarismus und Protestantismus hatten im Prinzip gesiegt. Der König erkannte die Rechte des Parlaments an, und dieses verkündete in einer Reihe von Gesetzen eine begrenzte Toleranz und Pressefreiheit. An die Stelle der blutigen Auseinandersetzungen trat ein gewisser Pragmatismus, der Sinn für das Machbare. In politischer und sozialer Hinsicht verbanden sich jetzt König und Parlament, Adel und Bürgertum in einer gemischten Verfassung, in religiösen Dingen begannen Kompromisse und relative Toleranz anstelle gegenseitiger Verfolgung zu regieren.

Die innerpolitischen Entwicklungen verliefen von nun an vergleichsweise undramatisch, an die Stelle der militärischen Auseinandersetzungen traten die politischen der Parteien (Whigs und Tories). Um 1700 war der militante Glaubenseifer so gut wie erloschen, wirtschaftliche Interessen drängten sich in den Vordergrund. Schon im 17. Jahrhundert hatte sich England trotz aller innenpolitischen Zwistigkeiten zur führenden Handels- und Kolonialmacht entwickelt, aus dem Agrarstaat war ein Handelsstaat geworden. Nun wurde aufgrund des neuen liberalen Geistes der Freihandel zur Selbstverständlichkeit, es begann eine Zeit wirtschaftlichen Aufschwungs. Allerdings zeichnen sich in England auch seit der Mitte des 18. Jahrhunderts die Anfänge der sogenannten Industriellen Revolution ab; in schneller Folge werden die Spinnmaschine (1764), die Dampfmaschine (1765) und der mechanische Webstuhl (1785) erfunden. England wird zum ersten Industriestaat der Welt. Damit entstehen hier aber auch früher als anderswo die neuen sozialen Probleme des industriellen Zeitalters, neue Armut und neuer Reichtum prägen die englische Gesellschaft vor allem in der zweiten Hälfte des 18. Jahrhunderts. Außerdem büßte England nach der Unabhängigkeitserklärung der späteren Vereinigten Staaten von Amerika (1776) seine nordamerikanischen Kolonien (mit Ausnahme von Kanada) ein.

So wichtig die politischen und religiösen, gesellschaftlichen und wirtschaftlichen Hintergründe für die neue Zeit gewesen sein mögen, gerade in England sind es auch die philosophischen und wissenschaftlichen Entwicklungen gewesen, die als Ausgangssituation für eine neue Geisteshaltung bestimmend wurden. Schon im 17. Jahrhundert wurden hier in der Philosophie und in den Naturwissenschaften wesentliche Grundlagen der Moderne gelegt. Nachdem sich in der bedeutenden scholastischen Philosophie Englands und Schottlands seit dem Spätmittelalter die Tendenz zum Nominalismus durchgesetzt hatte, entwickelte sich in Korrespondenz dazu eine starke Tendenz zum Empirismus, d.h. zur ‚metaphysikfreien' Erforschung der Erfahrungstatsachen, die bis heute die angelsächsische Mentalität bestimmt. Francis Bacon (1561–1626) war der erste neuzeitliche Philosoph, der das kommende Zeitalter der Naturwissenschaften ankündigte und durch eigene Experimente einzuleiten versuchte; als Lordkanzler prägte er zugleich das Ideal des für England typischen *gentleman scholar* und *gentleman philosopher*. Wissenschaftlich-philosophische Neuerungen fanden jetzt außerhalb der in ihren Traditionen erstarrten Universitäten statt. 1662 wurde die Royal Society gegründet, die sich zu einem Zentrum der Forschungsorganisation entwickelte. Ihren Höhepunkt erreichte diese Entwicklung der Naturwissenschaft, die zunächst noch als Naturphilosophie verstanden wurde, bei Robert Boyle (1627–1691), der die Chemie, und Isaac Newton (1643–1727), der die neuere Physik begründete. Im 18. Jahrhundert wendet sich dann die Forschung dem Geist der Zeit entsprechend von den Grundsatzfragen ab und mehr den praktischen Problemen zu, vor allem technischen und medizinischen Verbesserungen.

Auch in der Philosophie veränderte sich das geistige Klima. Die englische Philosophie des 17. Jahrhunderts war vor allem durch drei Aspekte bestimmt, die sich in dieser Form nicht auf dem Kontinent finden und die z.T. auch noch die Philosophie des 18. Jahrhunderts prägen: 1. Vor dem Hintergrund der konfliktreichen religiösen Situation und der Religionskriege entstand schon früh als Gegenthese die Vorstellung einer natürlichen oder vernünftigen Religion, die insbesondere von Herbert von Cherbury (1583–1648) vertreten wurde. Dieser Deismus wird um 1700 stark religionskritische Züge annehmen. 2. Vor dem Hintergrund der konfliktreichen politischen Situation und der Bürgerkriege entwickelte Thomas Hobbes (1588–1679) eine neue Staatsphilosophie auf der Grundlage einer Vertragstheorie. Seine absolutistische Staatstheorie konnte noch vor 1700 in eine liberalistische umschlagen. 3. Die starke Orientierung der Philosophie an den Naturwissenschaften führte zunächst zu Methodenproblemen und zur Frage nach dem Wissenschaftscharakter der Philosophie, am Ende aber zu einer neuartigen kritischen Erörterung des Erkenntnisproblems überhaupt. Insbesondere aus der Verknüpfung dieser drei Perspektiven entstand um 1700 eine ganz neue Geisteshaltung.

Auf dem Gebiet der Kunst, der Musik wie der bildenden Künste, hat sich die neue bürgerlich-prosaische Mentalität allerdings, mit wenigen Ausnahmen, nicht positiv ausgewirkt. Musik und Malerei entwickelten sich aufklärungsfern; nur William Hogarth (1697–1764) verstand seine gesellschaftskritische Malerei und Graphik auch als Aufklärung. Innovatorisch und europaweit erfolgreich war England hingegen auf dem Gebiet der angewandten Kunst, z.B. in der Entwicklung der bürgerlichen Wohnkultur. Am erfolgreichsten war jedoch die englische Garten- und Landschaftskunst, die vor allem durch William Kent (1695–1748) begründet wurde. Scheinbar frei, nämlich in kultivierter Weise aufgelockert, stand der neue parkartige Garten im Kontrast zur strengen und kunstvollen Symmetrie des französischen Gartens und wurde daher auch als antiabsolutistisches Symbol des Republikanismus verstanden; faktisch handelte es sich im allgemeinen um Garten- und Parkanlagen begüterter Adliger. Am Ende des Jahrhunderts wurde der englische Garten allerdings als pseudoromantischer Garten selbst wieder künstlicher.

Vorherrschend war jedoch, vom Ende des 17. bis zum Ende des 18. Jahrhunderts, auf fast allen Gebieten eine nüchterne, praktisch orientierte Geisteshaltung, die sich auf das faktisch Mögliche oder Machbare konzentrierte: auf Kompromisse in der Regelung der politischen und religiösen Fragen (Verhältnis von König und Parlament, Staatskirche und *dissenters*), aber auch auf Begrenzung der Spekulation in der Philosophie und den Wissenschaften sowie auf nützliche Erfindungen. Es entstand ein Ideal von politischer und wissenschaftlicher Vernunft, das sich am sogenannten gesunden Menschenverstand orientierte. Auf der Basis dieser Mentalität, des Pragmatismus, entfaltete sich nach den großen religiösen und politischen, sozusagen metaphysischen und militärischen Auseinandersetzungen der frühen Neuzeit seit dem Ende des 17. Jahrhunderts die für England typische Form der Aufklärung.

n Empirismus und Enthusiasmus zum Psychologismus Positivismus

An Bord desselben Schiffes, auf dem Wilhelm von Oranien 1688 nach England kam, befand sich auch der Philosoph John Locke (1632–1704). Er stammte aus einer Juristenfamilie, hatte Medizin in Oxford studiert und war dann aufgrund seiner guten Beziehungen zu adeligen Kreisen in verschiedenen Ämtern viel gereist; zuletzt hatte er hauptsächlich im Dienste von Lord Ashley (1621–1683), dem späteren ersten Grafen von Shaftesbury, gestanden und war diesem ins Exil nach Holland gefolgt. Nun hatte er eine ganze Anzahl fast fertiger Abhandlungen im Gepäck, die er, nach der *Glorious Revolution*, neben seiner erneuten Tätigkeit als Regierungsbeamter, vollendete und zügig veröffentlichte. In ihnen legte er die Grundlagen der englischen Aufklärung auf dem Gebiet der Erkenntnis- und Staatsphilosophie, der Religionsphilosophie und der Erziehungstheorie; durch ihn vollzieht die englische Philosophie ihre folgenreiche Wendung zur Anthropologie.

Lockes bedeutendste Leistung ist zweifellos die Begründung der modernen Erkenntnistheorie als eigenständige philosophische Disziplin. Sein *Essay Concerning Human Understanding* (1690) ist eine systematische und ausführliche Untersuchung über den Ursprung, die Gewißheit und den Umfang der menschlichen Erkenntnis. Locke kritisiert vor allem die Lehre von den eingeborenen Ideen, denn nach seiner Theorie ist der menschliche Geist am Anfang nur eine Art „white paper"; erst aufgrund äußerer und innerer Erfahrung (*sensation* und *reflection*) bildet er einfache und zusammengesetzte Vorstellungen (*ideas*). Diese sind allerdings nur insofern wahr, als sie die sogenannten ersten Qualitäten der Dinge (Größe, Zahl usw.) betreffen, die sogenannten sekundären Qualitäten (Wärme, Farbe usw.) sind durch uns selbst bedingte Vorstellungen unserer Seele. Allerdings hält Locke die Erkenntnis der mathematischen und moralischen Gesetze noch für erfahrungsunabhängig und allgemeingültig; die Naturwissenschaften hingegen zählt er trotz seiner Hochschätzung für Newton nicht zu den wirklich beweisbaren Wissenschaften. In der vierten Auflage seines Werkes von 1700 hat er dann die Rolle der Vernunft als Maßstab herausgearbeitet und Fanatismus und Enthusiasmus kritisiert.

Auch seine Staatstheorie hatte Locke im Grundsatz schon vor der *Glorious Revolution* entwickelt, sie wurde von ihm 1690 unter dem Titel *Two Treatises of Government* zur Rechtfertigung der neuen Monarchie veröffentlicht. Um die konstitutionelle Monarchie rein anthropologisch aus den Interessen und Rechten des Menschen zu entwickeln, geht Locke wie Hobbes von einem Naturzustand aus, den er sich als einen friedlichen Zustand allgemeiner Freiheit und Gleichheit vorstellt. Der Staat beruht auf einem Vertrag und hat nur den Zweck, Leben, Freiheit und Eigentum seiner Bürger zu schützen; er ist im Grunde ein Interessenverband von Privateigentümern. Damit er nicht absolutistisch ausartet, bedarf es einer Gewaltenteilung. Die Hauptgewalt, die Legislative, muß beim Volk bzw. beim Parlament verbleiben; der König besitzt die Exekutive sowie eine sogenannte föderative Gewalt, worunter Locke die außenpolitische Vertretung des Staates versteht. Im Falle einer Gesetzesverletzung verliert der König seine Rechte, da er den Staats- oder Gesellschaftsvertrag nicht eingehalten hat. Auf diese Weise wird durch die Annahme einer Kontrolle und Kündbarkeit des Vertrages das ursprünglich absolutistische Vertragsmodell liberalistisch umfunktioniert.

Auch Lockes Schriften zur Religion und zur Erziehung sind zu ihrer Zeit sehr wirksam gewesen. Nachdem er bereits 1689 einen ersten *Brief über die Toleranz* veröffentlicht hatte, erschienen 1690/92 zwei weitere, in denen er die Duldung aller Religionen forderte, und zwar unter der Voraussetzung einer scharfen Trennung von Kirche und Staat; ausgenommen bleiben nur die Katholiken (weil diese einem ausländischen Oberhaupt, dem Papst, untertänig sind) sowie die Atheisten. Religion ist letztlich Privatsache, und Kirchen sind – nicht anders als Staaten – freie Vereinigungen gleichgesinnter Bürger. Grundlage dieser Auffassungen ist Lockes Überzeugung von der Übereinstimmung zwischen Vernunft und (ursprünglichem)

Christentum, wie er sie auch in seiner Schrift *The Reasonableness of Christianity* 1695 dargestellt hat. Für ihn ist das (wahre) Christentum nur noch Glaube an einen von Gott gesandten moralischen Lehrer und Gesetzgeber; es entspricht insofern auch der natürlichen Religion, die der wahren Vernunft entspringt. – Der gleiche aufklärerische Rückgang auf die normative Vernunft und Natur findet sich auch in Lockes Gedanken über die Erziehung (*Some Thoughts Concerning Education* 1693), in denen er die übliche schulmäßige Unterweisung kritisiert. Sein Ideal ist der durch Privaterziehung zu einem selbständigen und sozialen Individuum herangebildete englische Gentleman.

All diese Schriften weisen Locke als einen Philosophen neuen Typs aus, als einen Mann der *upper middle class*, der unter Berufung auf seinen gesunden Menschenverstand alle religiösen, metaphysischen, aber auch naturphilosophischen Spekulationen vermeidet, Fanatismus und Schwärmerei verabscheut und dem Menschen, insbesondere dem besitzenden und gebildeten Bürger, in einer allgemeinverständlichen Sprache Orientierungen für sein Denken und Handeln in einer neuen, fortschrittlich gesinnten Gesellschaft geben will. So ist er schon für viele seiner Zeitgenossen zu einer neuen philosophischen Autorität geworden. Er kritisiert zwar vieles, aber immer ohne Radikalität. Dabei orientiert er sich an einem Bild vom Menschen, das diesen als ein potentiell vernunft- und fortschrittsfähiges, religiöses und moralisches Wesen vorstellt. Seine Wende zur Anthropologie ist überdies im Ansatz schon eine Wende zur Psychologie, seine Erkenntnistheorie ist weitgehend Erkenntnispsychologie, nämlich auf die Genese als Grund der Geltung unserer Erkenntnis gerichtet.

Zunächst scheint vor allem Lockes Religionsphilosophie auf seine Zeitgenossen gewirkt zu haben, sie wurde nicht nur kritisiert, sondern auch radikalisiert, so daß sich ihr Autor zu Distanzierungen gezwungen sah. Bei diesen Diskussionen spielte einerseits die Idee einer natürlichen Religion, andererseits das Recht auf Glaubens- und Denkfreiheit eine Rolle; die Religionsphilosophie entwickelte sich zur Religionskritik. Inhaltlich reduzierte sie sich auf Deismus, d.h. auf einen Glauben an einen Gott im allgemeinen, der nicht persönlich und geschichtlich, z.B. durch Wunder, in das Leben der Menschen eingreift, und zugleich radikalisierte sie sich zum Rechtsanspruch auf freies, letztlich auch nicht-christliches Denken. John Toland (1670–1722) veröffentlichte aus dieser Gesinnung heraus u.a. eine Schrift mit dem Titel *Christianity Not Mysterious* (1696), die vom irischen Parlament verboten und vom Henker verbrannt wurde. Er bezeichnete sich selbst als „free-thinker" und näherte sich schon dem Materialismus; zuletzt verstand er sich als Stifter einer neuen „pantheistischen" Religion. Anthony Collins (1676–1729) schrieb *A Discourse of Free-thinking* (1713) und verstand Freidenken als autoritätsunabhängiges Denken, vor allem als eigenständiges richtiges Verstehen der Heiligen Schrift. Matthew Tindal (1653–1733) versuchte in seiner Abhandlung *Christianity as Old as the Creation* (1730) über das Christentum hinaus auf die natürliche Religion zurückzugehen. Francis Hutchinson, der später Bischof wurde, bemühte sich um eine historische Aufklärung über den Aberglauben hinsichtlich der Hexen (*An Historical Essay Concerning Witchcraft,* 1718); seine Schrift wurde schon 1726 ins Deutsche übersetzt. Demgegenüber wollte der konservative Politiker Henry St. John Viscount Bolingbroke (1678–1751), obwohl selbst dem Deismus zugeneigt, das freie Denken nur den gebildeten Ständen zugestehen; die Massen bedürfen aus politischen Gründen der Führung durch die Religion.

Auch auf dem von Locke vernachlässigten Feld der Ethik kam es zu einer beachtlichen Entwicklung, durch die sich die in England später weit verbreitete Theorie des *moral sense* ausbildete. Sie findet sich zwar u.a. schon bei den Gegnern der Egoismus-Theorie von Hobbes im 17. Jahrhundert, wurde aber erst im 18. Jahrhundert zur vorherrschenden Moralphilosophie bzw. Moralpsychologie. Ihr neuer Begründer ist Anthony Ashley Cooper, der dritte Earl of Shaftesbury (1671–1713), der zwar anfangs auch unter Lockes Einfluß stand, im Grunde jedoch mehr zu einer am Platonismus orientierten mystisch-ästhetischen Philosophie neigte. Daher konnte er den Begriff *Enthusiasmus* im Unterschied zu Locke durchaus positiv verstehen, die Begeisterung für das Wahre, Gute und Schöne ist die Bedingung für ein erfülltes Leben. Damit lenkt er das Interesse auf eine methodische Analyse des menschlichen Sinns für das Schöne und Gute, des (meist als Einheit gesehenen) ästhetischen und moralischen Sinns; die Ethik wird jetzt in einer Affektenlehre fundiert, denn die Moral beruht mehr auf Gefühl als auf Vernunft. Als unabhängiger *gentleman philosopher* teilt Shaftesbury jedoch die Abneigung seiner Zeit- und Standesgenossen gegen die systematische Schulphilosophie, ja, gegen alles Systemdenken überhaupt, er entwickelt seine Gedanken in Form von Essays (*Characteristics of Men, Manners, Opinions, Times* 1711) und strebt eine lebensnahe Philosophie an, die den Menschen zu einem geselligen und tugendhaften Wesen machen soll.

Shaftesburys gefühlsbetonte Philosophie, die in der zweiten Hälfte des 18. Jahrhunderts auch in Deutschland wirksam wurde, fand in England alsbald eine Reihe von Anhängern und dadurch auch eine Fortbildung im Rahmen der akademischen Philosophie. Während der Bischof Joseph Butler (1692–1752) den moralischen Sinn auf Gott und das Gewissen zurückzuführen versuchte, begründete Francis Hutcheson (1694–1746), gebürtig aus Irland, jedoch in Glasgow tätig, eine systematische Moralpsychologie. Er wurde zum Mitbegründer der späteren Schottischen Schule und entwickelte den von Shaftesbury nur gelegentlich gebrauchten Begriff des *moral sense* weiter, indem er ihn als natürliche Menschenliebe deutete und in Analogie zu einem ursprünglichen Schönheitssinn setzte. Die Analyse der Empfindung des Schönen tritt nun mehr und mehr neben die der moralischen Empfindungen bzw. Neigungen. Mit ihm sowie mit Henry Home (1696–1782), der sich vor allem der Ästhetik widmete, und Adam Ferguson (1723–1816), der sich vor allem mit ethischen Fragen beschäftigte, aber in seiner Abhandlung *Essay on the History of Civil Society* (1767) auch schon eine Geschichte des gesellschaftlichen Fortschritts geschrieben hat, breitete sich dieser Typus von Philosophie vor allem nach Schottland aus. Auch der Ire Edmund Burke (1729–1797), der später vor allem als politischer Schriftsteller Bedeutung erlangte, bewegte sich mit seinem frühen Werk *The Origins of Our Ideas of the Sublime and the Beautiful* (1757) in diesem Gedankenkreis.

Die grundsätzliche Gegenposition zur optimistischen *Moral-sense*-Theorie Shaftesburys und seiner Anhänger wurde vor allem von dem Londoner Arzt Bernard de Mandeville (1670–1733) vertreten. In seiner 1714 erschienenen Bienenfabel (*The Fable of the Bees, or: Private Vices, Public Benefits*) stellt er die Theorie auf, daß der Mensch sich grundsätzlich egoistisch verhalte; die gesellschaftlichen Tugenden dienen, obwohl zweifellos notwendig, nur der Maskierung der privaten Laster. Dennoch profitiert am Ende die ganze Gesellschaft von den Egoismen aller, insbesondere von der Neigung zum Luxus. Der Staat muß allerdings, z. B. durch harte Strafen, dafür sorgen, daß die Verbrechen nicht überhand nehmen.

Während die Deisten die religionsphilosophische Diskussion radikalisierten und Shaftesbury eine moralphilosophische und ästhetische Diskussion in Gang setzte, kam es auch auf dem Gebiet der Erkenntnistheorie zu einer bedeutsamen Weiterbildung, die zwar inhaltlich an Lockes Thesen anknüpfte, in der Intention jedoch seinen Aufklärungsabsichten eher zuwiderlief. George Berkeley (1685–1753) aus Irland, der u. a. als Missionar und Bischof tätig war, verabscheute die modernen religionskritischen Aufklärer als „minute philosophers"; auch die moderne Naturwissenschaft war für ihn nur eine oberflächliche Erkenntnis. Sein theoretischer Ausgangspunkt ist das Faktum der Vorstellungen im Bewußtsein (*perceptions*). Nach seiner Theorie, die er u. a. 1710 im *Treatise Concerning the Principles of Human Knowledge* darlegte, gibt es eigentlich nur ihrer selbst bewußte und gewisse Seelen oder Geister. Wir haben zwar Vorstellungen von Körpern, aber die Dinge sind nur Phänomene, deren Sein nur im Wahrgenommenwerden bzw. Vorgestelltwerden besteht; für eine reale Existenz der Körperwelt gibt es keine Beweise. Insofern besteht das

Sein im Wahrnehmen bzw. im Wahrgenommenwerden („Existence is *percipi* or *percipere.*"). Die einzige wirkliche äußere Ursache unserer Vorstellungen kann nur ein allmächtiger Geist, also Gott selber sein. Mit diesem Phänomenalismus (Spiritualismus oder Immaterialismus) will Berkeley den Skeptizismus und Materialismus bekämpfen und so Gott und den wahren Glauben verteidigen. Zwar hat er in diesem Punkt keine Nachfolger gefunden, aber ihrer argumentativen Struktur nach wird seine Erkenntniskritik eine wichtige Etappe auf dem weiteren Weg der Erkenntnistheorie.

Berkeleys „gesunde Metaphysik" ist im wesentlichen eine Bewußtseinsanalyse und steht insofern auf dem Boden der Anthropologie und Psychologie, also, wenn auch mit anderen Intentionen, auf dem Boden der von ihm bekämpften neuen Philosophie. Diese hat sich, auch wenn Einzelheiten strittig sind, mit ihrer grundsätzlichen Konzentration auf die Psyche bzw. das Bewußtsein des Menschen schon Anfang des 18. Jahrhunderts in England durchgesetzt; die Fragen der alten Metaphysik (Theologie wie Naturphilosophie) sind nun obsolet; die Anthropologie wird zur Restmetaphysik, die Psychologie, insbesondere die der moralischen und ästhetischen Wertungen, ist die neue Ersatzmetaphysik. Die moderne Naturwissenschaft wird zwar allgemein hoch gelobt, nun aber den empirischen Forschern überlassen und zugleich (aus alter metaphysischer Perspektive) als bloße Phänomenerkenntnis von der wahren Wissenschaft unterschieden. Die Erfahrungserkenntnis liefert nur vorläufiges oder oberflächliches Wissen – insofern weist der Empirismus schon früh über sich hinaus. Dadurch wird die Frage nach der Gültigkeit unserer sogenannten Erkenntnisse immer dringlicher. Ähnliches gilt für die Frage nach den Grundlagen der Moral. Während Deismus und Liberalismus in der Religion und Politik weitgehend selbstverständlich werden, bleibt die Begründung der Ethik, der sich mehr und mehr die Frage der Grundlegung der Ästhetik hinzugesellt, weiter problematisch. Welches sind die wahren moralischen Tatsachen des Bewußtseins, genügt die Rückführung der Moral auf einen *moral sense* (falls es so etwas überhaupt gibt)? Alle diese Fragen werden die englische Philosophie noch vor der Jahrhundertmitte in eine Krise treiben.

David Hume (1711–1776) hatte, in Edinburgh geboren, dort ein wenig Jura studiert, dann in Frankreich gelebt, wo er sein erstes philosophisches Werk *A Treatise of Human Nature* schrieb; es erschien 1739/40 in zwei Teilen, brachte aber nicht den erhofften Ruhm. Auch seine Bewerbung um eine Professur für Moralphilosophie in Edinburgh blieb erfolglos. Daraufhin arbeitete er sein Buch um und teilte es in kleinere Abhandlungen, die – wie schon seine *Essays: Moral and Political* (1741/42) – größere Beachtung fanden und von denen der *Enquiry Concerning Human Understanding* (1748) der wichtigste ist. Nachdem sich Hume nochmals vergeblich, diesmal in Glasgow, um eine Professur bemüht hatte, wurde er für einige Jahre Bibliothekar in Edinburgh und beschäftigte sich nun vor allem mit historischen Forschungen.

Auch Hume versucht, eine Philosophie auf dem Standpunkt des gesunden Menschenverstandes zu entwickeln, und wendet sich daher gegen alle Schulphilosophie und insbesondere gegen alle Metaphysik. Er erstrebt eine Philosophie für den Menschen, wie er ist, und eine Untersuchung des Menschen, wie er ist; Philosophie ist für ihn wesentlich analytische Anthropologie. Allerdings sucht Hume auch nach einem Mittelweg zwischen der abstrakten Fachphilosophie, in der es um die Prinzipien des Denkens und Handelns geht, und der eher gefälligen und lebensnahen Philosophie der populären Tugendlehrer, die sich nur auf den gemeinen Menschenverstand berufen. Eine solche ebenso gründliche wie gemeinverständliche Philosophie wäre auch wahrhaft gemeinnützig, für die Politik und die Moral, vor allem aber zur Bekämpfung des Aberglaubens durch eine gesunde Skepsis. Gelegentlich nennt Hume eine solche (anthropologische) Prinzipienerkenntnis allerdings auch „gesunde Metaphysik". Am liebsten wäre er ein Newton der *moral sciences* geworden.

In seiner Erkenntnistheorie untersucht Hume den Ursprung unserer Vorstellungen, um die Grenzen unserer Erkenntnis zu bestimmen. Er unterscheidet Sinneseindrücke (*impressions*) und Gedanken (*ideas*) und führt alle Gedanken auf äußere Erfahrung zurück; unsere Ideen sind nur schwache Erinnerungsbilder von unseren Sinneseindrücken, das Denken kann diese Ideen nur ordnen. Damit geht der Empirismus in einen Sensualismus über, der Verstand wird zu einem bloßen, nachgeordneten Instrument. Die Verknüpfung all unserer Vorstellungen geschieht jetzt nach Gesetzen der Assoziation, nämlich durch Ähnlichkeit, Verbindung in Raum und Zeit sowie Ursache und Wirkung. Die Idee eines Kausalprinzips muß allerdings auf Gewohnheit, d. h. auf wiederholte Erfahrung, zurückgeführt werden. Dadurch wird im Grunde alle Erkenntnisgewißheit erschüttert. Hinsichtlich der Gültigkeit der wissenschaftlichen Erkenntnis, ja sogar der Existenz der Außenwelt, scheint nun nur noch vorsichtige Skepsis („mitigated skepticism") möglich. Insofern wird allerdings die Erfahrung, der Ausgangspunkt der Erkenntnis, also auch der zum Sensualismus weiterentwickelte Empirismus, selber problematisch. Andererseits sind für Hume solche Zweifel an der Gültigkeit unserer Erkenntnis rein theoretisch; in der Wissenschaft wie der Lebenswelt genügt der natürliche Glaube an die Existenz der Dinge und die sie bestimmende Kausalität. Insofern schlägt die zur Skepsis gewordene Aufklärung angesichts der alltäglichen Praxis in einen neuen Positivismus um, faktisch erwies sich die Metaphysikfeindlichkeit des Empirismus mehr und mehr als allgemeine Theoriefeindlichkeit. Unklar blieb dabei allerdings der Erkenntnisstatus der von Hume behaupteten Erkenntnis der Erkenntnis.

Die Geschichte der englischen Philosophie der Aufklärung wird häufig als eine Geschichte der Erkenntnistheorie bzw. des Empirismus von Locke über Berkeley zu Hume dargestellt. Allerdings unterschlägt diese Darstellung, die im allgemeinen aus moderner erkenntnis- bzw. wissenschaftstheoretischer Perspektive erfolgt, daß die Erkenntnistheorien nur einen Bruchteil der damaligen philosophischen Diskussion ausmachten und daß die Motive der jeweiligen Theorien höchst unterschiedlicher Art waren. Der Sinn ihrer Untersuchungen über den menschlichen Verstand bzw. die menschliche Natur erschließt sich erst aus ihren mehr oder weniger erklärten Absichten: Bekämpfung des Dogmatismus bei Locke, Bekämpfung des Freidenkertums bei Berkeley. Hume hingegen betrachtet bereits Locke und Berkeley, sozusagen Aufklärung und Gegenaufklärung, kritisch-skeptisch. Faktisch unterminiert er durch seine Zweifel an aller sicheren Erkenntnis eine wesentliche Voraussetzung aller Aufklärung.

In der Ethik geht Hume auf dem schon von Shaftesbury und seinen Anhängern eingeschlagenen Weg der psychologischen Analyse weiter, jedoch auch hier mit deutlicher Skepsis. Die Moral gründet für ihn nicht in der Vernunft, diese ist nämlich selbst von den Neigungen und Leidenschaften abhängig; die sogenannte Vernunft ist nur ein gemäßigter Affekt, Freiheit eine Illusion. Mit Hilfe seiner Reflexion kann der Mensch jedoch erkennen, daß er durch die Zügelung seines Egoismus, also durch die Tugenden, mehr als z.B. durch Gewalt erreicht; Grundlage der Moral ist folglich die Erkenntnis des eigenen wahren Nutzens. Hume überschreitet jedoch diesen Utilitarismus wieder, indem er auch die Existenz selbstloser Triebe annimmt. Es gibt in uns eine Art von natürlichem Gefühl für das Gute und Nützliche, ein Wohlwollen gegenüber anderen Menschen, das uns von Natur aus zur Tugend motiviert. Über diese Moralpsychologie, die ihrerseits zu einem moralphilosophischen Positivismus tendiert, wird die jetzt an Gewicht gewinnende Schottische Schule weiter diskutieren.

Wichtig für die Zeitgenossen war auch Humes Beitrag zur Religionsphilosophie. Zunächst hatte er in den *Dialogues Concerning Natural Religion* (die, obwohl schon seit 1751 in Arbeit, erst drei Jahre nach seinem Tod erschienen, weil er sie nicht zu veröffentlichen wagte) mit großer Skepsis das durch den Deismus aufgeworfene Problem der Existenz und Erkenntnis eines persönlichen Gottes diskutiert. Dann aber, in seiner Schrift *The Natural History of Religion, of the Passions, of Tragedy, of the Standard of Taste* (1757) betrachtete er die Religion selbst als etwas Geschichtliches, und zwar im Sinne einer sogenannten Naturgeschichte. Er beschrieb den Polytheismus jetzt als ursprüngliche Form aller Religiosität, die aus Angst und Verlangen entstanden sei. Der Monotheismus erwachse aus dem Bedürfnis, den eigenen Gott als den höchsten vorzustellen. Der Vergleich der verschiedenen Religionen könne daher nur zur Skepsis bezüglich ihrer Inhalte und Formen und damit zur Philosophie führen.

Die Philosophie Humes hat vor allem in seiner Heimat Schottland Anlaß zu weitreichenden Diskussionen gegeben. Sie wird zum vielleicht wichtigsten Ausgangspunkt für die englische, genauer gesagt, schottische Spätaufklärung, die sich an der Universität Edinburgh konzentriert und im Gegensatz zur vorhergehenden Aufklärung in England einen sehr viel stärker akademischen Charakter hat. Doch bleibt auch sie ihrer Ausgangsposition verhaftet und daher betont antimetaphysisch und psychologisch; in ihr werden nicht zuletzt die Begriffe *common sense* und *moral sense* theoretisch aufgearbeitet. Wichtigster Anhänger Humes war sein Freund Adam Smith (1723–1790), sein Hauptgegner war Thomas Reid (1710–1796).

Adam Smith, als Professor in Glasgow tätig, war eigentlich Moralphilosoph und nahm an, daß die Menschen von Natur nicht nur egoistisch sind, sondern auch mit anderen Menschen sympathisieren. Gut ist, was ein unparteiischer Beobachter („impartial spectator") für gut halten würde. Bekannt wurde Smith jedoch durch seine volkswirtschaftlichen Theorien, die 1776 unter dem Titel *Inquiry into the Nature and Causes of the Wealth of Nations* erschienen und durch die er zum Begründer der ökonomischen Liberalismustheorie wurde. Nach Smith hat jeder Mensch einen natürlichen Erwerbstrieb, und die daraus entspringende Arbeit ist die Quelle und der Maßstab allen Reichtums. Wenn jeder seinen eigenen Nutzen verfolgen darf und das Spiel dieser Kräfte nicht behindert wird, werden sich die Egoismen auf natürliche Weise, wie durch eine unsichtbare Hand („invisible hand") geleitet, ausgleichen. Durch Jeremy Bentham (1748–1832), der, wie zuvor schon Hutcheson, das größte Glück der größten Zahl zum Kriterium des Guten erklärte, wurde diese Sozialphilosophie utilitaristisch und positivistisch weiterentwickelt und für das Denken des 19. Jahrhunderts maßgeblich. Heute ist Bentham vor allem noch wegen seiner Ideen zur Gefängnisreform bekannt.

Auch Thomas Reid, der Humes erkenntnistheoretischen Skeptizismus als absurd bekämpfte, hielt an der Vorstellung eines ursprünglichen moralischen Gefühls und ästhetischen Geschmacks fest, übertrug diesen Gedanken jedoch auch auf das Erkenntnisvermögen. In seiner Schrift *An Inquiry into the Human Mind on the Principle of Common Sense* (1764) nahm er an, daß auch unser Erkenntnisvermögen über gewisse Axiome, sogenannte Prinzipien des gesunden Menschenverstandes, verfüge bzw. diese durch innere Erfahrung entdecken könne, z.B. die logischen Grundgesetze oder das Kausalitätsprinzip. Dieser ursprüngliche Sinn für das Wahre, Schöne und Gute ist eine durch innere Erfahrung erkennbare Bewußtseinstatsache, der *common sense*. Damit kehrte die englische Aufklärung am Ende in gewisser Weise zu den am Anfang von Locke bekämpften eingeborenen Ideen zurück, aber diese werden nun als rein psychologische Tatsachen betrachtet.

3. Von der Tugendprosa zur Schauerromantik

Anders als in Frankreich, wo Literatur und Philosophie meist sehr eng zusammengehen, bleiben sie in England deutlich getrennt, auch wenn sie auf weite Strecken im Geiste der Aufklärung übereinstimmen. Selbst die Ästhetik, das gemeinsame Interessenfeld von Kunst und Literatur einerseits und Philosophie andererseits, brachte keinen wirklichen Zusammenschluß. Die philosophische Ästhetik war meist viel zu allgemein, um in konkreten Fragen der Kunst- und Literaturästhetik von Nutzen zu sein; die Subjektästhetik der Philosophie ließ die Objektästhetik der Kunst und Literatur praktisch unberührt. So gingen diese von Anfang an ihren eigenen Weg: von traditionellen (klassizistischen bzw. neoklassizistischen) zu modernen (romantischen) Inhalten und Formen.

Die ersten Jahrzehnte nach der *Glorious Revolution* waren Jahrzehnte des materiellen wie des geistigen Aufschwungs.

Zwar kosteten die Kriege gegen Frankreich sehr viel Kraft und Geld, aber die militärischen und außenpolitischen Erfolge zahlten sich letztlich auch wirtschaftlich aus. Innerhalb einer Generation wandelte sich England von einer feudalistischen, politischen und religiösen Gesellschaft in eine betont bürgerliche, frühliberale und frühkapitalistische Erwerbsgesellschaft, die vor allem durch den Handel bestimmt wurde. Zwar galt die adelige Lebensweise immer noch als kulturelles Muster, aber der Hochadel verlor zusehends an Macht; zugleich wurde das egoistische Wirtschaftsdenken mehr und mehr zum allgemein anerkannten Motiv des angestrebten wirtschaftlichen und technischen, nicht mehr nur wissenschaftlichen Fortschritts. Damit bildeten sich auch neue, selbstbewußte bürgerliche Lebensformen aus; der prosaische Geist des neuen Zeitalters, der in England besonders deutlich hervortrat, entfaltete sich nicht nur in der Philosophie, sondern in der gesamten Kultur. Er zerstörte die alte, adelige und religiöse Lebenswelt und ermöglichte zugleich eine neue, profane und bürgerliche Kultur, und damit auch eine ganz neuartige, weltweit erfolgreiche Literatur. Dennoch blieb der Klassizismus des 17. Jahrhunderts, obwohl er sich allmählich von einem aristokratischen zu einem bürgerlichen wandelte, in vielen Bereichen noch lange das normative Modell, vor allem in der bildenden Kunst, aber auch in der Literatur.

Allerdings entwickelte sich die Literatur sehr unterschiedlich. Die Lyrik fällt in der ersten Hälfte des Zeitalters der Aufklärung fast völlig aus; auch die Zeit des großen Theaters, der Tragödien ebenso wie der derben Komödie, war jetzt zunächst anscheinend vorbei. Doch gab es offensichtlich auch Unterschiede zwischen dem Interesse an der Komödie und dem an der Tragödie. Erste Ansätze zu einem bürgerlichen Trauerspiel in Prosa, wie *The London Merchant* (1731) von George Lillo (1693–1739), blieben zunächst ziemlich wirkungslos, während *The Beggar's Opera* (1728) von John Gay (1685–1732), eine Parodie auf die italienische Oper, geradezu ein Welterfolg wurde. Offensichtlich entsprach die Tragödie nicht dem an Ordnung und Vernunft orientierten bürgerlichen Lebensgefühl, dessen Gefährdung nicht zur Dramatik, sondern zur Satire oder zur Melancholie führen konnte. Allerdings wird die Brüchigkeit der bürgerlichen Glücks- und Moralvorstellungen gerade in der Bettleroper schon besonders deutlich.

Anders als Lyrik und Drama, die sich mehr an das Gefühl und die Einbildungskraft wenden, scheint die lehrhafte Dichtung, die sich vornehmlich an den Intellekt richtet, dem neuen Zeitgeist ganz besonders zu entsprechen. Es scheint nur darauf anzukommen, das Vernünftige und Nützliche elegant zu formulieren oder angenehm zu verpacken. Alexander Pope (1688–1744) wurde der unbestrittene Meister des Lehrgedichts. Von früh auf von den klassizistischen Idealen rhetorischer Eleganz fasziniert, versuchte er, diese Ideale in einem *Essay on Criticism* (1711) mit angemessenen Versen darzustellen. Selbst von Kindheit an krank und verkrüppelt, als Katholik weitgehend von höherer Bildung ausgeschlossen, feierte er Natur und Vernunft (*good sense*, *common sense*), antike Vorbilder und gute Erziehung (*good breeding*). Die Kunst besteht für ihn in der Nachahmung der wohlgeordneten und vorbildlichen Natur, wie sie schon in der deshalb ebenfalls vorbildlichen Antike üblich war. In seinem späteren, noch berühmteren Lehrgedicht *An Essay on Man* (1733/34) stellte Pope dann zentrale Intentionen der englischen Aufklärung dar: „The proper study of mankind is Man." Aber der Mensch ist nur ein Glied in der großen Kette alles Seienden, in deren Gesamtharmonie die kleinen Übel aufgehoben sind. Tugend, die Einheit von Selbst- und Nächstenliebe, wird den Menschen glücklich machen. Im übrigen leben wir in einer Zeit, in der die neue Wissenschaft neues Licht spendet. „Nature, and Natures Law lay hid in Night, God said: *Let Newton be!* and all was Light." Die Philosophie, die sich als Metaphysik mit den ersten Ursachen beschäftigte, ist nun zugunsten der allein mit den Zweitursachen beschäftigten Physik verschwunden.

Aber das zur Schau gestellte Seinsvertrauen ist nur die eine Seite in Popes Charakter, sein formvollendeter Klassizismus nur die eine Seite seiner Begabung. Seine ironische Distanz zur

Gesellschaft, insbesondere seine ‚aristokratische' Verachtung der modernen Erwerbsgesellschaft, macht ihn zum großen Spötter und Satiriker, der die menschlichen Schwächen mit spitzer Feder bloßstellt. In einem burlesken, komisch-heroischen Epos *The Rape of the Lock* (1712) ironisiert er mit großem Erfolg das barocke Heldenepos. In einer späten Satire *The Dunciad* (1728) verspottet er seine Kritiker als Dummköpfe (*dunces*); hier sieht er sogar ein neues Zeitalter der Dummheit und Dunkelheit heraufziehen. Aber Pope war auch zu empfindsamer Naturlyrik fähig. Er verwandelte den Garten seines Anwesens in einen sogenannten englischen Garten mit einer berühmt gewordenen Grotte.

Die lehrhafte Versdichtung war keine Erfindung des 18. Jahrhunderts und im Grunde schon eine absterbende Kunstform. Die Zukunft gehörte dem Prosa-Essay, der in England schon zu Popes Zeiten vor allem in den Zeitschriften gepflegt wurde. Diese Moralischen Wochenschriften (*moral weeklies*) sind ein besonders typisches und ein besonders wirksames Produkt der englischen Aufklärung. Sie wollen belehren und unterhalten, vor allem aber zur Tugend anleiten; so ersetzen sie z.T. die geistliche Seelsorge auf der Basis der Vernunft. In England, wo sie aus dem neuen politischen Journalismus entstanden sind, waren sie allerdings auch sehr viel politischer als ihre kontinentalen Nachahmungen. Möglich wurden sie durch die Aufhebung der strengen Pressegesetze (*Licensing Act*) im Jahre 1695 und die nun häufiger anstehenden Wahlen zum Parlament. Die Führer der großen Parteien erkannten alsbald die Notwendigkeit, sich gute Journalisten zu kaufen. Und manch einer schrieb für Tories und Whigs gleichzeitig.

Daniel Defoe (1660–1731) stammte aus kleinbürgerlichem Milieu; er war der Sohn eines *dissenter*, erhielt nur eine unvollkommene Schulbildung und blieb zeitlebens ein Abenteurer und unruhiger Geist. Zu seinen ersten literarischen Versuchen gehörte eine gereimte Satire *The True-born Englishman* (1701), in der er mit großem Erfolg die nationalistischen Vorurteile gegenüber Wilhelm von Oranien verspottete. Als nach der Thronbesteigung der Königin Anne (1702–1714) innerhalb der anglikanischen Kirche eine Kampagne gegen die *dissenters* begann, schrieb er eine zweite Satire, *The Shortest Way with the Dissenters* (1702), die von den Tories zunächst als ernsthafte Schrift mißverstanden wurde und ihn, als die Wahrheit herauskam, ins Gefängnis und an den Pranger brachte. Ein Tory-Minister befreite ihn schließlich aus seiner Lage und stellte ihn für eine neugegründete Zeitschrift, *The Review*, ein, die dann neun Jahre lang (1704–1713) mehr oder weniger von Defoe allein geschrieben wurde. Sie behandelte neben politischen auch allgemeine gesellschaftliche Themen, wie sie nun überall in den neuen Kaffeehäusern Londons diskutiert wurden.

Damit beginnt die große Zeit des englischen Journalismus, insbesondere der Moralischen Wochenschriften. Aber erst mit dem ungleichen Gespann Joseph Addison (1672–1719), einem gebildeten Beamten, und Richard Steele (1672–1729), einem ehemaligen Soldaten, erreichen sie ihre klassische Form. Beide Autoren, die sich auch in anderen Bereichen literarisch betätigt haben, arbeiteten zunächst an der von Steele herausgegebenen Zeitschrift *The Tatler* (1709–11) und gaben dann gemeinsam die Tageszeitung *The Spectator* (1711–12) heraus. Während der *Tatler* noch ein buntes Gemisch aus Nachrichten und Abhandlungen von der Politik bis zur Mode war, konzentrierte sich der *Spectator* ganz auf die Literaturkritik; hier wird neben dem einfachen Essay auch schon der Essay in Briefform gepflegt. Durchgängige fiktive Figuren bzw. Figurengruppen machen die vorgetragenen Überlegungen anschaulich und unterhaltsam. Nach diesen gemeinsamen Unternehmungen hat sich Steele noch einmal kurzfristig mit einer eigenen, weniger erfolgreichen Zeitschrift, *The Guardian* (1713), versucht.

Die Moralischen Wochenschriften waren, obwohl es viele Nachahmungen gegeben hat, ein relativ kurzlebiges Genre, sowohl was die einzelnen Zeitschriften als auch das Genre selbst betrifft. In ihren Anfängen hatten sie zweifellos einmal eine wichtige Funktion in der Formierung der neuen *public opinion*. Sie dienten sowohl dem Zweck der politischen Propaganda als auch der Mission der neuen Philosophie. So rühmt sich

Addison im *Spectator*: „I have brought philosophy out of closets and libraries, schools and colleges, to dwell in clubs and assemblies, at tea-tables and in coffee-houses." Indem sich die Moralischen Wochenblätter um die intellektuelle, vor allem aber die moralische Kultur ihrer Leser kümmerten, übernahmen sie Aufgaben, die von den sektiererischen Kirchen anscheinend nicht mehr erfüllt werden konnten. Im übrigen waren sie eine Hauptquelle weiblicher Bildung, da die Frauen vom normalen Bildungsprozeß immer noch ausgeschlossen waren.

Die bedeutsamste und immer noch nachwirkende Leistung der englischen Aufklärungsliteratur war jedoch die Erfindung des bürgerlichen Romans, von den Autoren selbst als „a new species of writing" verstanden. Innerhalb ganz kurzer Zeit wurde eine Reihe meisterhafter Werke geschaffen, die diese neue Gattung der Prosaliteratur, die an die Stelle des gereimten höfischen Epos trat, bis heute etabliert hat. Seine lockere, modellierfähige Form bot – über die klassischen Liebes- und Abenteuergeschichten hinaus – reichlich Raum für Betrachtungen aller Art, für moralische und psychologische Perspektiven. Zunächst entwickelte sich der Roman jedoch in der Gestalt ungereimter Abenteuergeschichten und Prosasatiren.

Das erste und vielleicht größte Erzähltalent war der Journalist und Satiriker Daniel Defoe, der, wie vor allem sein Bericht über das Pestjahr, *A Journal of the Plague Year* (1722), beweist, eine bemerkenswerte Einfühlungskraft besaß. Er fesselte sein Publikum mit einer geschickten Verknüpfung von spannender Erzählung, detaillierter Beschreibung und erbaulichen bzw. lehrhaften Ausführungen. Sein *Robinson Crusoe*, der 1719 als Fortsetzungsroman erschien, wurde ein ungeheurer Erfolg. Defoe erzählt die Geschichte eines englischen Kleinbürgers, der auf eine einsame Insel verschlagen wird und sich vom Abenteurer zum frommen und tugendhaften Menschen entwickelt, ja sogar aus einem barbarischen Wilden einen ordentlichen Christen und gefügigen Diener eines englischen *gentleman* macht. Defoe gibt seinen Roman als Tatsachenbericht aus, und als fiktiver Reiseroman konnte er mit unterschiedlichen Intentionen nachgeahmt werden.

Ein ganz anderer Mensch und Erzähler als Daniel Defoe war der Ire Jonathan Swift (1667–1745), der als anglikanischer Priester und aufgrund seiner akademischen Bildung zu den besseren Kreisen der Gesellschaft gehörte. Sein forcierter Rationalismus und Moralismus machten ihn jedoch zu einem großen Verächter der Menschen. Er war daher vor allem Satiriker, auch wenn er sich zeitweise, in der Hoffnung auf eine politische Karriere, als Journalist betätigte und – von den Whigs zu den Tories wechselnd – die Zeitschrift *The Examiner* (1710/11) herausgab. 1704 veröffentlichte er anonym zwei Satiren, *The Battle of the Books* und *A Tale of a Tub*. Die literarische Satire *The Battle of the Books* ironisiert den in Frankreich seit 20 Jahren geführten Streit um den Vorrang der alten bzw. modernen Schriftsteller; in seiner Verachtung für die modernen Intellektuellen schlägt sich Swift auf die Seite der Antike, der er wahre Naturnähe zuschreibt. Die teils religiöse, teils literarische Satire *A Tale of a Tub* ist eine Kritik der religiösen Gruppen in England und zugleich eine Kritik der modernen Wissenschaft – so fanatisch die Frommen sind, so pedantisch und spleenig sind die Wissenschaftler.

Nach der Niederlage der Tories kehrte Swift 1714 endgültig nach Dublin zurück, wo er sich neben der politischen Verteidigung Irlands vor allem der Abfassung seiner größten Satire widmete, die 1726 anonym unter dem Titel *Gulliver's Travels* erschien. In dieser imaginären Reisebeschreibung wird von Gullivers fiktiven Reisen in fremde Länder berichtet, u.a. zu den Zwergen von Liliput, zu den Riesen von Brobdingnag und zuletzt zu den Houyhnhnms, den philosophischen Pferden, die sich allein durch die kultivierte Vernunft leiten lassen. Durch die Darstellung dieser Welten gewinnt Swift Perspektiven, die den Menschen insgesamt als ein absolut schlechtes, unappetitliches und unvernünftiges Wesen erscheinen lassen. Die Forderung nach Vernunft und Moral führt bei ihm zu Pessimismus und am Ende zu geistiger Umnachtung.

Swift und Defoe haben die Grundlagen für die aufblühende Erzählkunst und insbesondere für den englischen Roman geschaffen. Allerdings fällt dessen Ausgestaltung durch Samuel

Richardson (1689–1761) und Henry Fielding (1707–1754) bereits in eine andere Zeit. Offensichtlich beginnt sich nämlich bereits um 1740 die optimistische Verknüpfung der Hoffnung auf gesunden Menschenverstand und der Hoffnung auf eine natürliche Moral aufzulösen. Die Erkenntniskraft der auf Erfahrung gestützten Vernunft scheint nicht nur unter den Philosophen immer fraglicher zu werden, und die Tugend scheint zu einer Sache empfindsamer Seelen zu werden. Philosophie und Literatur beginnen neue Wege zu gehen. Um die Mitte des 18. Jahrhunderts scheinen sich Philosophie und Dichtung, in England ohnehin deutlich geschieden, sogar in teilweise gegensätzliche Richtungen zu entwickeln: Während die Philosophie und die Wissenschaften immer positivistischer werden, wird die Literatur immer sentimentaler und romantischer. Aber vielleicht handelt es sich dabei auch um geradezu komplementäre Entwicklungen. Möglicherweise spiegelt die positivistische Verwissenschaftlichung der Philosophie schon die neue Realität der wachsenden Industriegesellschaft, während sich die Dichtung erst in moralischer Empfindsamkeit, dann in melancholischer Naturlyrik und Schauerromantik eine Gegenwelt zu schaffen versucht. Doch darf auch nicht übersehen werden, daß Philosophie und Literatur im Studium der Empfindungen einen gemeinsamen Gegenstand behalten.

Samuel Richardson vollzieht den Schritt von der (erbaulichen) Abenteuererzählung zum Seelenroman. Aus kleinbürgerlichem Milieu stammend, als Drucker und Verleger zu Vermögen gekommen, zeigt auch er, wie schon Addison und Steele in den Moralischen Wochenschriften, eine Vorliebe für den Brief als Literaturform; er schreibt eine Sittenlehre in Briefen, *The Familiar Letters on Important Occasions* (1741), und konzipiert seine erst spät verfaßten Romane als Briefromane. Dabei geht es ihm fast ausschließlich um die Möglichkeit der Tugend, besonders um die verführte oder verfolgte Unschuld der Frau. Die von ihm dargestellte Tugend entspricht zwar der Vernunft und verlangt Kontrolle der Leidenschaften, aber sie ist zugleich Gegenstand eines geradezu tränenseligen Gefühls („Tugendempfindsamkeit"); gesunder Menschenverstand in allen praktischen Fragen bis hin zu einer geradezu naiven moralischen Berechnung von Tugend und Lohn verbinden sich mit äußerster Empfindsamkeit und genauer Selbstbeobachtung. Aus dieser Perspektive tritt zum ersten Mal die Frau in aller Ausführlichkeit in den Mittelpunkt des Romans, allerdings kaum als selbständig agierende Persönlichkeit, vielmehr fast ausschließlich als leidendes, reagierendes Opfer. Die meist bösen Männer bleiben dagegen eher schemenhaft. Allerdings macht Richardson eine für seine Zeit wichtige Entwicklung durch. Zunächst schreibt er den Roman *Pamela. Or Virtue Rewarded* (1740). Das junge Mädchen, das von seinem unmoralischen Herrn bedrängt wird, widersetzt sich tapfer allen Versuchungen und Verfolgungen und bekehrt am Ende sogar seinen Arbeitgeber; zum Lohn wird die Heldin dann von diesem geheiratet, so daß Tugend und Glück für beide in einer überraschenden Weise zusammenkommen. In dem späteren siebenbändigen Roman *Clarissa. Or the History of a Young Lady* (1747–48), in dem gleich zwei tugendhafte Damen und zwei lasterhafte Herren konfrontiert werden, wird zwar der siegreiche Verführer nicht glücklich, aber zunächst einmal endet die Geschichte mit dem tragischen Tod der unschuldigen, allerdings nicht ganz standhaften Heldin. Damit bekommt die „Tugendempfindsamkeit" einen neuen, durch die Aussicht auf jenseitige Gerechtigkeit nur mühsam ausbalancierten melancholischen Akzent.

Henry Fielding war Richter in London. Er war zwar auch ein Moralist, aber er durchschaute die Heuchelei der herrschenden Moral und verteidigte eine natürliche, allerdings sehr großzügig verstandene Moral. Sein erster Roman *The History of the Adventures of Joseph Andrews and of his Friend Mr. Abraham Adams* (1742), anfangs als Parodie auf Richardsons *Pamela* angelegt, schildert die komischen Abenteuer eines männlichen Tugendhelden, der vor den Verführungen seiner Herrin flieht. Aber indem ihm ein weltfremder englischer Landpfarrer zur Seite gestellt wird, der gerade als lächerliche Gestalt zum Sympathieträger wird, werden neue menschliche Dimensionen sichtbar gemacht. Der Held des turbulenten Romans *The History of Tom Jones, a Foundling* (1749) läßt sich hingegen mancherlei Verfehlungen zukommen, besitzt aber laut Fielding eine gute Natur („good nature") und wird daher auch durch ein glückliches Ende belohnt. Diese etwas schwache Moral wird vor allem durch die komische Entlarvung der Pseudomoral der Gesellschaft und die phantastische Romangeschichte überdeckt.

Offensichtlich gehörte die Liebe des Publikums, wie schon Dr. Samuel Johnson (1709–1784), der berühmteste englische Literaturkritiker seiner Zeit, feststellen mußte, nun dem Roman. Johnson selbst wurde zwar durch seine literarischen Essays für Moralische Wochenschriften, zunächst in seiner eigenen Zeitschrift, *The Rambler* (1750–52), dann in der Kolumne *The Idler* in *The Universal Chronicle* (1758–60), sowie als Autor des ersten *Dictionary of the English Language* (1755) berühmt, aber der Erfolg seiner satirischen Versdichtung *The Vanity of Human Wishes* (1749) war vergleichsweise bescheiden. Allerdings hat der englische Roman des 18. Jahrhunderts mit Richardson und Fielding fast schon seinen Höhepunkt erreicht. Die Linie des moralischen Abenteuerromans wurde zwar noch von Tobias Smollett (1721–1771) fortgesetzt, von dem der Abenteuerroman *Roderick Random* (1748) bekannt geblieben ist; die Linie des sentimentalen Seelenromans wurde noch von Oliver Goldsmith (1728–1774) weitergeführt, in dessen *The Vicar of Wakefield* (1766) die Verbindung von Tugend- und Tränenseligkeit einem kaum noch überbietbaren Höhepunkt zutreibt. Inzwischen aber war die eindrucksvolle Entwicklung des englischen Romans auch schon kritisch reflektiert und der Roman selbst wieder literarisch parodiert worden. Laurence Sterne (1713–1768) begann 1760 mit der Publikation seines ‚unvollendeten' Romans *The Life and Opinions of Tristram Shandy, Gentleman*, der ironisch, durch die Erzeugung künstlicher Unordnung, die Unmöglichkeit bzw. Unsinnigkeit des Romaneschreibens, ja der Verständigung überhaupt demonstriert. Dies führt dann zur Hoffnung auf ein empfindsames Leben in Einklang mit der

Natur, wie es Sterne zuletzt noch in *A Sentimental Journey Through France and Italy* (1768) dargestellt hat.

Damit beginnt aber auch die Emanzipation der Empfindsamkeit aus der Bindung an die Tugend; das Gefühl wird immer mehr als solches von Interesse, besonders das romantische oder schaurige Gefühl, das keine positive Beziehung mehr zur Vernunft hat und nun sogar als deren Widerspiel auftritt. Überdies paart sich diese neue Empfindsamkeit jetzt mit einer neuen Form des Naturerlebens. Die Natur hatte immer eine große Rolle in der Dichtung gespielt, doch erscheint sie auch in England in den ersten Jahrzehnten des 18. Jahrhunderts vor allem noch als idyllische, vernünftige und harmonische Natur, wie in der arkadischen Dichtung oder der Schäferdichtung; auch die Kritik der Kultur verbindet sich leicht mit der Begeisterung für die einfache Natur. Aber schon früh, etwa in den vierziger Jahren, wird die Natur zusammen mit den Ruinen menschlicher Kultur zum Spiegel dunkler, beängstigender oder melancholischer Gefühle. Der anglikanische Geistliche Edward Young (1683–1765) schreibt *Night-Thoughts on Life, Death, and Immortality* (1742–45), Thomas Gray (1716–1771), zuletzt Professor in Cambridge, veröffentlichte 1751 seine berühmte *Elegy Written in a Country Churchyard*. So wird die Melancholie mitten im Zeitalter der Aufklärung zur „englischen Krankheit“, viele Schriftsteller sind von geistiger Umnachtung bedroht oder verfallen ihr wirklich.

In diesem Zusammenhang kommt es auch zum Rückgriff auf echte wie angeblich echte vorklassische Volksdichtung, insbesondere auf mittelalterliche, schottische und keltische Literatur: James Macpherson (1736–1796) veröffentlicht *Fragments of Ancient Poetry* (1760), Thomas Percy (1729–1811) schreibt *Reliques of Ancient English Poetry* (1765). Dies entspricht zugleich dem *gothic taste*, der nun von der Architektur auf die Literatur übergreift und das Genre der *gothic novel* erzeugt. Horace Walpole (1717–1797), der sich eine pseudo-mittelalterliche Burg bauen ließ, veröffentlichte 1764 *The Castle of Otranto*. Damit hat in England schon sehr früh eine Form der Schauerromantik begonnen, die man später auch Vorromantik genannt hat. Jetzt kommt mit Dichtern wie William Cowper (1731–1800) und Robert Burns (1759–1796) eine ganz neue Seelen- und Naturstimmung auf. Das Zeitalter der Aufklärung geht offensichtlich zu Ende. Und als in Frankreich die Revolution ausbricht, findet sie im traditionsbewußten England nur wenige Anhänger. Hauptsprecher ihrer zahlreichen Gegner wird Edmund Burke, der, obwohl er der liberalen Partei angehört, in seinen *Reflections on the Revolution in France* (1790) den Menschenrechten die Rechte eines Engländers vorzieht und nun statt auf Vernunft auf Natur und Geschichte setzt.

4. Enlightenment – Deutung und Selbstdeutung

Die englische Aufklärung begann 1688 mit einem politischen Sieg, der zugleich ein geistiger war. Pragmatismus von oben (Krone) und Pragmatismus von unten (Parlament) verbanden sich in einem gesellschaftlichen Kompromiß, der den meisten gesellschaftlichen und religiösen Gruppen ausreichenden Lebensraum ließ. Im Grunde war es ein Sieg des Parlaments bzw. des niederen Adels und des Großbürgertums ebenso wie ein Sieg des Protestantismus bzw. der Anglikanischen Kirche. Zwar hielt sich der neue Liberalismus, der vor allem in der bald beginnenden langen Herrschaft der Whigs zum Ausdruck kam, zunächst noch in Grenzen; es gab weiterhin starke konservative Strömungen, besonders in der mehr und mehr zu den Tories neigenden *gentry*, und die Toleranz gegenüber den *dissenters*, besonders gegenüber den Katholiken, war bis ins 19. Jahrhundert hinein sehr begrenzt. Dennoch vollzog sich die weitere Entwicklung im Bewußtsein einer gelungenen Wende.

Dies bedeutete für die geistige Entwicklung, daß in England, das seit dem Mittelalter ohnehin stark traditionsorientiert war, während des 18. Jahrhunderts kein allgemeiner und grundsätzlicher Reform- oder Revolutionsbedarf das Denken motivierte. Zwar entstanden hier schon zu Beginn des 18. Jahrhunderts die ersten, zumindest teilweise auf Veränderung ausgerichteten Geheimgesellschaften (Freimaurer), aber es gab kein allgemeines Reformpathos, weil der Weg schrittweiser Veränderungen im Prinzip bereits offen war. Folglich gab es auch keine intellektuelle Bewegung, die eine ganz neue Vernunftbegeisterung erzeugt hätte – teils weil der Begriff der Vernunft im Empirismus ohnehin problematisch war, teils weil die Provokation durch ein machtvolles religiös-politisches System fehlte, das alle Intellektuellen im Namen einer kritischen Vernunft hätten bekämpfen können. Im Gegenteil, das Bewußtsein, Freiheit und gesunden Menschenverstand bereits in höherem Maße als alle anderen, kontinentaleuropäischen Völker zu besitzen, verhinderte jedes auf die eigene Gesellschaft bezogene Vernunft- und Freiheitspathos; statt dessen entwickelte sich ein englischer Nationalstolz, der davon ausging, in einem Land der Freiheit und Toleranz, des wissenschaftlichen und geistigen Fortschritts zu leben. Er führte allerdings auch zu einem gewissen Pharisäertum, zu einer gewissen Selbstisolierung und zur Ausbildung typisch englischer Sonderbarkeiten. Dieses englische Selbstbewußtsein ist z.T. auch von anderen Völkern respektiert worden und hat seinen Niederschlag nicht zuletzt auch in der Aufklärungsforschung gefunden. Allerdings kann man sich fragen, ob die geistigen Entwicklungen des 18. Jahrhunderts in England strenggenommen wirklich als Aufklärung zu bezeichnen sind.

Enlightenment, das englische Wort für *Aufklärung*, ist kein programmatischer Terminus des 18. Jahrhunderts; es wird wie das noch seltenere *enlightener* im 17. und 18. Jahrhundert nur selten gebraucht und anscheinend nie im Sinne einer kritischen Aktion. In seiner heutigen Bedeutung ist es eine Nachbildung des deutschen Begriffs *Aufklärung*, und zwar vor allem im Sinne eines Epochenbegriffes. Auch das Verb *enlighten* sowie das zugehörige Partizip *enlightened* finden sich im 17. und 18. Jahrhundert relativ selten, außerdem meist in anderer Bedeutung als *aufklären* bzw. *aufgeklärt*. *Enlighten* (gelegentlich auch *inlighten*) ist die Übersetzung des lateinischen *illuminare*; es heißt eigentlich nicht *aufklären*, sondern *erhellen* oder *erleuchten* und wird wie dieser theologische Terminus fast ausschließlich in religiöser Bedeutung gebraucht (ähnlich wie das deutsche Wort *erleuchten*). *Enlighten* (*enlightened*) im

Sinne des profanen deutschen *aufklären* (*aufgeklärt*) oder des profanen französischen *éclairer* (*éclairé*) ist im 18. Jahrhundert eine höchst seltene Ausnahme.

Dem entspricht, daß es in England auch keine Selbstdeutung des 18. Jahrhunderts als *Enlightened Age* oder *Age of Enlightenment* gegeben hat. Zwar nennt z.B. Berkeley seine Zeit gelegentlich „this enlightened age", dann aber mit deutlich ironischem Unterton. Die Klassifizierung des 18. Jahrhunderts in England als *Zeitalter der Aufklärung* stammt offensichtlich aus späterer geistesgeschichtlicher Perspektive. Auch die Ausdrücke *Philosophical Age* oder *Age of Reason* sind für das 18. Jahrhundert in England zumindest nicht typisch, sie stammen aus der historisierenden Polemik am Ende der Epoche und sind z.T. Übersetzungen aus dem Französischen. Wohl aber ist, im Hinblick auf die Literatur, schon früh von einem Augusteischen Zeitalter die Rede. Der Ausdruck kam schon um die Mitte des 18. Jahrhunderts auf und bezeichnete zunächst die Schriftsteller des frühen 18. Jahrhunderts, die sich noch ausdrücklich auf klassische Vorbilder bezogen, insbesondere Pope und Swift. Später wurde er in einem zeitlich und sachlich erweiterten Sinne gebraucht, scheint aber heute aus der Mode gekommen zu sein. Ähnlich hat man auch von der Philosophie der Aufklärung als dem klassischen Zeitalter der Philosophie in England gesprochen.

Offensichtlich gab es in England im 18. Jahrhundert kein Bewußtsein von einer eigenen Aufklärungsbewegung und so gut wie kein eigenständiges Bewußtsein, in einem Zeitalter der Aufklärung zu leben. Folglich gab es hier auch keine artikulierten Aufklärungstheorien und keine emphatischen Aufklärungsprogramme wie etwa in Deutschland. Trotz krasser Klassenunterschiede entfaltete sich z.B. keine allgemeine Diskussion über Volksaufklärung, wohl aber kam es zu christlich motivierten Reformprojekten, z.B. zur Gründung der *Charity Schools*. Wenn es in England überhaupt eine Aufklärung gegeben hat, so war es primär eine praktische Aufklärung ohne artikuliertes Selbstbewußtsein, ohne Aufklärungstheorie und ohne Aufklärungsprogramm.

Dadurch erklären sich auch die oftmals gegensätzlichen Urteile über das Zeitalter der Aufklärung in England. Für die einen ist England das Ursprungsland der Aufklärung. Hier habe die Aufklärung schon früh begonnen, nämlich mit John Locke, gegebenenfalls sogar noch früher, nämlich in der Mitte des 17. Jahrhunderts mit Thomas Hobbes oder Herbert von Cherbury, oder noch früher, nämlich mit Francis Bacon; die französische Aufklärung hingegen habe z.B. erst mit Voltaire (1694–1778) und die deutsche Aufklärung möglicherweise sogar erst mit Lessing (1729–1781) angefangen. Dabei wird der Begriff *Aufklärung* im Hinblick auf England sehr weit, im Hinblick auf Frankreich und vor allem auf Deutschland jedoch sehr eng gefaßt. Für andere hingegen gibt es eigentlich gar keine englische Aufklärung, nur ein Augusteisches Zeitalter der Literatur oder ein klassisches Zeitalter der englischen Philosophie. Dabei wird der Begriff *Aufklärung* ebenfalls eng gefaßt, jetzt aber auf Frankreich und Deutschland oder gar ganz auf Deutschland beschränkt. Zusammengenommen würde das bedeuten, daß England die kontinentale Aufklärung initiiert hat, ohne selber an ihr teilgenommen zu haben.

Dennoch macht es einen guten Sinn, auch für England am Begriff eines Zeitalters der Aufklärung festzuhalten. Trotz aller Unterschiede gegenüber anderen, kontinentalen Formen der Aufklärung gibt es wesentliche gemeinsame Themen. Die problematische Rationalität der Religion ist ein solches, vermutlich sogar das erste gemeinsame Thema; daher auch die gemeinsame, wenn auch unterschiedlich starke Wendung gegen Aberglauben und Vorurteile, Fanatismus und Schwärmerei. Auch das Problem eines vernünftigen weltlichen Staates wird thematisiert, tritt dann aber wegen des allgemeinen Selbstbewußtseins, die Lösung sei im Prinzip, nämlich in der englischen Verfassung, schon gefunden, in der Philosophie zurück. Vor allem aber ist, wie in Frankreich und Deutschland, die Einheit von Tugend, Glück und Nutzen zentral für die praktische Philosophie, wenn auch die psychologische Behandlungsweise weitgehend von der meist normativen Erörterung des Themas in den kontinentaleuropäischen Philosophien abweicht.

III. Frankreich: Kritik und Revolution

1. Repression und Rebellion

Frankreich war im 18. Jahrhundert die größte Kulturmacht Europas, und zwar aufgrund einer langen Vorgeschichte, die mit der Eroberung Galliens durch Caesar (100–44) begann. Denn diese Kolonialisierung bescherte dem geographisch und klimatisch günstig situierten Land eine weitreichende antike Kultivierung, die auch nach dem Zusammenbruch des Römischen Reiches noch wirksam blieb; eine ihrer Folgen war eine frühe Christianisierung, die zu einer großen Klöster- und Kirchenkultur führte. Seit dem Mittelalter, nach dem Auseinanderbrechen des Frankenreiches, begann dann auch die Ausbildung eines vom Heiligen Römischen Reich Deutscher Nation unabhängigen, großen Zentralstaates, der sich seit dem Beginn der frühen Neuzeit als Nationalstaat zu verstehen begann. Im 17. Jahrhundert konnte Frankreich seine politische Macht noch weiter ausbauen; der Westfälische Friede bestätigte seine politische Rolle in Europa und wurde zum Ausgangspunkt weiterer Machtvergrößerungsversuche.

Voraussetzung dieser politischen und kulturellen Entfaltung war die starke Position des französischen Königs im Verbund mit der katholischen Kirche. Zwar war auch in Frankreich sowohl die Stellung des Königs als auch die der Kirche nicht immer unangefochten gewesen. Die Ausbreitung des Calvinismus in einigen Gebieten Frankreichs hatte bereits in der zweiten Hälfte des 16. Jahrhunderts zu blutigen Kriegen zwischen Katholiken und Reformierten (Hugenotten) geführt. Nachdem dann aber der Anführer der Hugenotten, der als Heinrich IV. (1589–1610) König von Frankreich wurde, 1593 zum Katholizismus übergetreten war („Paris ist eine Messe wert"), stand der Sieg des Katholizismus fest. Immerhin sicherte das Edikt von Nantes (1598) den Protestanten noch eine relative Toleranz, bis es 1685 von Ludwig XIV. (1643–1715) aufgehoben wurde und die Hugenotten blutig unterdrückt und vertrieben wurden.

Mit Ludwig XIV. erreicht die absolute Monarchie in Frankreich den Höhepunkt ihrer Macht, die kein Abweichen von dem Prinzip „ein Glaube, ein Gesetz, ein König" duldete. Der König betrachtete nämlich den Protestantismus nicht nur als eine religiöse, sondern auch als eine politische Gefahr für seinen religiös fundierten Absolutismus. Unter seiner Herrschaft wurde Frankreich endgültig zum katholisch und absolutistisch regierten Nationalstaat, es wurde ein das übrige Europa politisch und kulturell dominierender, zentral regierter Großstaat. Allerdings war die Herrschaft Ludwigs XIV. vor allem nach außen glanzvoll, denn der Preis der Macht- und Prachtentfaltung war hoch. Zwar entstand in Versailles als Symbol der königlichen Macht das größte europäische Schloß, auch wurden in Paris die *Académie royale des sciences* (1666) und die *Comédie-Française* (1680) gegründet. Zwar verherrlichten viele Schriftsteller die Regierung des Sonnenkönigs als Ausdruck eines neuen Zeitalters, das sogar der Antike überlegen sei. Aber der staatliche Machtausbau geriet trotz einiger Eroberungen ins Stocken, letztlich ruinierten die vielen Kriege die Staatsfinanzen. Außerdem kam die Vertreibung der Hugenotten einem kulturellen, wissenschaftlichen und wirtschaftlichen Aderlaß gleich, sie war am Ende ein Pyrrhussieg. Zum Schluß versank das Land unter dem Druck des absolutistischen und des klerikalen Systems geradezu in eine Agonie, so daß der Tod des Königs von vielen als Befreiung erlebt wurde.

Während der *Régence*, d. h. unter der Herrschaft des Herzogs Philipp von Orléans (1715–1723), der kurzfristig für den minderjährigen Thronfolger regierte, schlug die staatlich erzwungene Konformität in eine allgemeine geistige wie auch wirtschaftliche Liberalität um. Die Freigeister wurden jetzt tonangebend, die Wirtschaft wurde zum Zwecke ihrer Sanierung freigegeben, die Verfolgung der Protestanten ließ nach, Frankreich öffnete sich dem Einfluß Englands. Die Könige Ludwig XV. (1715–1774) und Ludwig XVI. (1774–1792) versuchten zwar, die alte Ordnung wiederherzustellen, aber der politische Absolutismus der Monarchie und der religiöse Absolutismus der Kirche hatten den Höhepunkt ihrer Macht überschritten. Allmählich führte die wirtschaftliche Entwicklung, insbesondere die des Bürgertums, zu einer Umwandlung der alten Ständegesellschaft in eine neue Klassengesellschaft, wodurch sich die erstarrten politischen Strukturen mehr und mehr als überholt erwiesen. Vor allem der freie Geist der Pariser Schriftsteller ließ sich kaum noch unter Kontrolle halten, die Salonkultur in Paris entwickelte sich zu einem Gegenpol zur Hofkultur in Versailles. Außerdem ruinierte die Mätressenwirtschaft des letzten Königs die Autorität der Monarchie, die dann in der Französischen Revolution von 1789 vorläufig zugrunde ging.

Dennoch erreichte Frankreich im 18. Jahrhundert einen glanzvollen Höhepunkt seiner Kultur. Schon im 16. und 17. Jahrhundert hatte sich hier eine prachtvolle aristokratische Kultur entfaltet, die sich am Vorbild des königlichen Hofes orientierte und auf Kosten des Landes mit diesem rivalisierte. Diese höfische Geselligkeitskultur begann schon früh, das gesamte geistige und gesellschaftliche Leben Frankreichs zu formen; auch im Bürgertum etablierte sich bis weit über die Französische Revolution hinaus so etwas wie eleganter Stil und feine Lebensart. Das damit verknüpfte Selbstbewußtsein allgemeiner kultureller Dominanz führte am Ende des 17. Jahrhunderts zum Streit zwischen den Anhängern der Antike und denen der Moderne (*Querelle des Anciens et des Modernes*). Der Streit wurde 1687 durch ein Lobgedicht von Charles Perrault (1628–1703) auf den König ausgelöst, in dem die Zeit des Sonnenkönigs, der selbst eine antikisierende Kunst förderte, als eine neue Epoche der Geschichte gefeiert und über die Antike gestellt wurde. Damit wurde ein an sich alter Streit von der allgemeinen wissenschaftlichen Ebene auf die besondere, kulturelle und nationale Ebene übertragen; in seinem Verlauf entwickelte sich allmählich ein neues, weltliches und undogmatisches, zugleich aber stark national geprägtes Geschichtsbewußtsein, das von einem neuen Fortschrittsglauben beherrscht wurde.

Aufs Ganze gesehen war das 18. Jahrhundert in Frankreich eine Blütezeit der bildenden und dekorativen Künste. Französische Kultur, von königlichen, adeligen und bürgerlichen Mäzenen gefördert, wurde, einschließlich der französischen Mode, geradezu ein Exportartikel – so sehr, daß man von einem französischen Europa („l'Europe française“) zu sprechen begann. Die französische Sprache, von der *Académie Française* in einem seit 1694 erscheinenden Wörterbuch reguliert, wird zur Sprache des vornehmen Europa und der politischen Welt. Darüber hinaus entwickelt die literatur- und kunstsüchtige französische Salongesellschaft aber auch ein großes Interesse für die Naturwissenschaften. Vermutlich wurden diese vor allem deshalb Mode, weil nach der Öffnung für England durch die Beschäftigung mit Physik und Chemie Modernität demonstriert werden konnte (weshalb diese Art von Naturwissenschaftsbegeisterung nach der Jahrhundertmitte gemeinsam mit der Anglomanie wieder zurückging). Aber natürlich gab es auch ernsthafte Forschungen und wissenschaftliche und technische Fortschritte. René-Antoine Ferchault de Réaumur (1683–1757) erfand u.a. das Thermometer; Antoine Laurent Lavoisier (1743–1794), als Steuerpächter in der Französischen Revolution hingerichtet, erkannte den Vorgang der Oxydation. Einen Höhepunkt des wissenschaftlich-technischen Fortschrittes bildete der erste Start eines Heißluftballons, der Montgolfière (1783). Allerdings hatte sich das Interesse der Gesellschaft zu dieser Zeit auch schon den ‚okkulten' Naturphänomenen wie dem animalischen Magnetismus zugewandt.

Die französische Aufklärung war ein Teil der eindrucksvollen französischen Kultur des 18. Jahrhunderts und spielte im Kulturexport eine wichtige Rolle. Sie steht zwar in grundsätzlicher Opposition zum gesellschaftlichen, religiösen und politischen System (obwohl sie auch ihre Förderer darin hatte), aber sie harmoniert weitgehend mit der allgemeinen Kultur des *esprit*, auch wenn sie diesen gegen die tragende Gesellschaft zu wenden beginnt. Diese ‚aufklärerische' Kritik der Philosophen und Schriftsteller, die in Frankreich im 18. Jahrhundert oft in Personalunion auftreten, beginnt schon Ende des 17. Jahrhunderts; sie mußte sich, durch die starre Einheitsfront von Kirche und Königtum provoziert, vor allem als radikale religiöse und politische Kritik äußern, die mit dem etablierten System von Politik und Moral nur noch im ganzen brechen kann und in der Französischen Revolution die Menschenrechte vor allem als Freiheitsrechte verkünden wird. Die religiöse Repression endet in einer politischen Revolution.

Allerdings blieb die Aufklärung *à la française* im wesentlichen auf Paris beschränkt. Es sind die hauptstädtischen Verhältnisse, ihre Chancen wie ihre Gefahren, die das französische Denken auch des 18. Jahrhunderts prägen. Und es sind die ‚freien' Schriftsteller, die diese Aufklärung tragen, nicht etwa die Universitäten; auch die regionalen Akademien spielen eine vergleichsweise geringe Rolle. Daher gibt es in der französischen Aufklärung nur relativ schwache Tendenzen zur Volksaufklärung. Zwar wird das Bürgertum mehr und mehr zum Träger einer neuen Gesellschaftsordnung und deren Ideologie, dennoch wird die Aufklärung bis zuletzt auch vom Adel, insbesondere dem Amtsadel, mitgetragen.

2. Von der Emigration zur Opposition

Die philosophische Vorgeschichte der Aufklärung, nicht nur in Frankreich, wird wesentlich durch den Philosophen René Descartes (1596–1650) bestimmt. Dieser wollte aus der Philosophie eine sichere Wissenschaft machen und so alle Wissenschaft auf ein sicheres Fundament stellen. Zwar wurde seine Philosophie zunächst verboten, aber ihr Einfluß innerhalb und außerhalb der Philosophie ließ sich auch in Frankreich nicht verhindern. Vor allem sein Drängen auf eine klare und deutliche Erkenntnis wirkte vielfach weiter, wenn auch ohne dessen inhaltliche, methodische und metaphysische Ansprüche. Dieser betont kritische Rationalismus, der an Descartes' analytische Ambitionen anknüpfen konnte, faßte schon vor der Jahrhundertwende – lange vor der England- und Empirismusbegeisterung der nächsten Generation – bei den französischen Schriftstellern und Philosophen Fuß. Aber durch die Aufhebung des Edikts von Nantes war ein Klima der Repression entstanden; die protestantischen Schriftsteller wurden vertrieben, die katholischen mehr oder weniger mundtot gemacht. Die nonkonformistische Intelligenz zerfiel dadurch in zwei Lager, nämlich (je nach Konfession) in eine sehr kleine und sehr vorsichtige Gruppe innerhalb und eine etwas stärkere und radikalere Gruppe außerhalb Frankreichs. So kam es im Zeitalter des Sonnenkönigs, das nicht nur aus der Sicht der Aufklärung ein Zeitalter der Unterdrückung war, nur in innerer und äußerer Emigration zu ersten Ansätzen der Aufklärung.

Der bedeutendste philosophische Schriftsteller unter den emigrierten Hugenotten war Pierre Bayle (1647–1706). Er stammte aus einem calvinistischen Pfarrhaus, studierte in Genf Theologie und wurde dann Professor für Philosophie an der protestantischen Akademie zu Sedan. Als diese 1681 aufgehoben wurde, ging er als Professor für Philosophie und Geschichte an das *Gymnasium illustre* in Rotterdam, verlor aber auch diesen Posten 1693, weil er im Gegensatz zu dem dort maßgeblichen reformierten Theologen Pierre Jurieu (1637–1713) für religiöse und politische Toleranz eintrat und daher auch einen religiös-politischen Krieg gegen Frankreich ablehnte. Philosophisch stand Bayle auf dem Boden eines eklektischen Cartesianismus, doch wandte er sich im Laufe seiner schriftstellerischen Tätigkeit vor allem Fragen der Geschichte und der historischen Kritik zu. Schon 1682 hatte er sich in seiner Abhandlung *Pensées sur la Comète* mit der Kritik des Aberglaubens und der Vorurteile befaßt. Von 1684 bis 1687 veröffentlichte er dann das vielgelesene Rezensionsorgan *Nouvelles de la République des Lettres*, das nicht zuletzt der Verteidigung des französischen Protestantismus diente, und stritt gleichzeitig in seinem *Commentaire philosophique* (1686–87) für religiöse Toleranz und eine scharfe Unterscheidung zwischen Moral und Religion – es könne auch tugendhafte Atheisten geben. Faktisch machte er aus der Philosophie erstmals eine moderne *philosophia militans* und näherte diese damit dem Journalismus an. Sein Hauptwerk wurde das große Lexikon *Dictionnaire historique et critique* (1697), in dem er das Wissen seiner Zeit einer historisch-kritischen Prüfung unterwarf. Dabei erwies sich vieles als zweifelhaft und die allgemein geglaubte Übereinstimmung von Vernunft und Offenbarung als unbeweisbar. Doch hielt Bayle, obwohl erkennbar voller Skepsis, am Christentum als reiner Glaubenssache fest; Religion sei eine bloße Gewissensfrage. So wurde eine religions- und vernunftkritische Aufklärung initiiert, die sich nicht mehr nur an den Fachgelehrten wendet.

Bernard le Bovier de Fontenelle (1657–1757) wandte sich von Anfang an der populären Schriftstellerei zu. Für die Entstehung der Aufklärung in Frankreich sind vor allem seine Frühwerke von Bedeutung gewesen, in denen er, mit großer Vorsicht und nicht ohne Schwankungen, naturwissenschaftliche und religiöse Probleme erörterte. In seiner Schrift *Entretiens sur la pluralité des mondes* (1686), in der er die These, daß die Erde der Mittelpunkt des Kosmos sei, in Frage stellte und zumindest hypothetisch eine Vielheit von Welten als möglich verteidigte, versuchte er, aus der zeitgenössischen wissenschaftlichen Diskussion eine elegante und ironische Unterhaltung mit und für gebildete Damen zu machen. Damit propagierte er bereits das Ideal einer weltläufigen Philosophie, die sich an alle, auch an ein weibliches Publikum, wendet und daher zugleich gelehrt und unterhaltsam sein soll. In seinen späteren, vielfach erweiterten *Nouveaux dialogues des morts* (1683) betonte Fontenelle allerdings, daß nicht der Kosmos, sondern der Mensch das Hauptthema der Philosophie sei. Wichtig für die weitere geistige Entwicklung in Frankreich wurde auch seine Kritik des Aberglaubens, die er jedoch vorsichtshalber auf die Antike beschränkte (*Histoire des oracles* 1687), z.T. auch erst später publizierte (*De l'origine des fables* 1723). In der Diskussion über den Vorrang der Alten oder der Modernen ergriff er 1688 mit seiner *Digression sur les anciens et les modernes* zugunsten der Modernen Partei. Ihm ging es nicht nur um die Überlegenheit der neuen Literatur, als Anhänger der modernen Wissenschaft propagierte er vor allem den Fortschritt der Wissenschaft. Allerdings veröffentlichte Fontenelle, obwohl er aufgrund seiner religiösen Skepsis 1682 gegen den Katholizismus polemisiert hatte, politisch unter Druck gesetzt, 1687 sogar eine Rechtfertigung der Hugenottenverfolgung (*Le triomphe de la religion sous Louis le Grand*). Nachdem er sich so äußerlich mit dem herrschenden System arrangiert hatte, wurde er Sekretär der Akademie.

Mit Bayle und Fontenelle zeichnet sich schon in der Frühaufklärung, falls man beide unter diese Bezeichnung subsumieren darf, eine typisch französische Figur des Aufklärers ab, die man seit dem Beginn des 18. Jahrhunderts den „Philosophen", *le philosophe*, zu nennen beginnt. Historisch gesehen ist der *philosophe* als Kritiker der Gesellschaft sowohl der Nachfolger der Moralisten und ihrer ursprünglich christlich motivierten Gesellschaftsdiagnose als auch der religionskritischen Freigeister und ihrer Analyse der frommen Heuchelei. Der französische *philosophe* des 18. Jahrhunderts ist kein Fach- oder Universitätsphilosoph, sondern ein Mann von Welt, der zwar eine akademische Ausbildung haben kann, sich selbst aber als freier Schriftsteller (Berufsschriftsteller) versteht und betätigt: ein Intellektueller, der sich betont kritisch zur Welt verhält und diese durch sein Wort zu verändern hofft. Als Literat steht er irgendwo zwischen der professionellen Philosophie und den Belles-Lettres. Vor allem aber ist er, über alle philosophischen und literarischen Intentionen hinaus, ein Mann der Gesellschaft, und zwar in dem doppelten Sinne, daß er sowohl gesellig und weltgewandt ist oder zu sein versucht, als auch ein kritisches, auf Veränderung gerichtetes Verhältnis zur Welt der Gesellschaft hat. Allerdings kann sich der *philosophe* aufgrund der politischen und gesellschaftlichen Verhältnisse in Frankreich nicht frei als Gesellschaftsreformer entfalten, seine Kritik unterliegt der Zensur. Um dieser zu entgehen, lassen die französischen Aufklärer ihre Schriften vielfach illegal in geheimen Druckereien mit fingierten Druckorten oder im Ausland, insbesondere in den Niederlanden, drucken oder sogar nur in Handschriften zirkulieren. So entsteht eine geheime Literatur (*littérature clandestine*), eine literarische Subkultur oder Untergrundliteratur mit einem grauen Buchmarkt – ein Phänomen, das es, wegen der andersgearteten politischen und religiösen Verhältnisse, in dieser

Form in England und Deutschland nicht gegeben hat. Doch war die Zensur nicht überall gleichmäßig streng; es konnte sogar vorkommen, daß der amtliche Zensor selbst ein Sympathisant der Aufklärer war. Seine prototypische Ausdrucksform wird der *philosophe* erst um die Jahrhundertmitte im Kreis und Umkreis der Enzyklopädisten finden, doch können auch Montesquieu und Voltaire, die am Anfang der französischen Aufklärung im engeren Sinne des Wortes stehen, dazu gerechnet werden.

Charles-Louis de Sécondat, Baron de la Brède et de Montesquieu (1689–1755), kurz Montesquieu genannt, stammt aus einem alten Adelsgeschlecht in der Nähe von Bordeaux. Ganz im Geist des liberalen Denkens der *Régence* veröffentlichte er 1721 einen Briefroman, die *Lettres persanes*, in dem er die französischen Verhältnisse aus der Sicht von Ausländern beschrieb und auf diese Weise den Absolutismus und die Kirche kritisieren konnte. Dann reiste er u.a. nach England, wo ihn vor allem die Verfassung beeindruckte. Wieder auf sein Schloß La Brède zurückgekehrt, widmete er sich historischen und politischen Studien. 1734 erschien sein Buch *Considérations sur les causes de la grandeur des Romains et de leur décadence*, in dem er den Untergang Roms rein innerweltlich, ohne Rückgriff auf Gott als Geschichtslenker, nämlich aus dem Verfall der staatseinigenden Gesinnung, erklärte. 1748 erschien dann sein Hauptwerk über den sogenannten „Geist" der Gesetze (*De l'esprit des loix*), in dem er die Geschichtlichkeit des Rechts, z.B. seine Abhängigkeit von Ort und Zeit, Klima und Religion, aber auch von gewissen moralischen Gesinnungen (Tugenden) aufzuzeigen versuchte. Montesquieus Ideal war, mit gewissen Schwankungen, die konstitutionelle Monarchie. Aus der englischen Verfassungswirklichkeit leitete er die Trennung der legislativen, exekutiven und jurisdiktiven Gewalten als notwendige Bedingung eines freiheitlichen Staates ab. Schon dadurch wurde sein Buch ein Grundtext der modernen Staatstheorie.

François-Marie Arouet (1694–1778), der sich selbst Voltaire nannte, ist der bekannteste und vielleicht bedeutendste Vertreter der französischen Aufklärung. Er stammte aus einer Pariser Juristenfamilie, aber sein Ehrgeiz richtete sich schon früh auf die schöne Literatur; er wollte ganz im Sinne des Klassizismus der größte Dramatiker des 18. Jahrhunderts werden. Aus diesem Geist entstanden vor allem seine frühen Werke, die Tragödie *Œdipe* und das Epos *Henriade*, in denen der ehemalige Jesuitenschüler allerdings, indem er gleichzeitig für einen aufgeklärten Absolutismus optierte, schon scharfe Kritik an der Kirche übte. 1726–1729 ging er nach England, wo er sich für Newtons Mechanik und Lockes Empirismus begeisterte. Unter ihrem Eindruck schrieb er zunächst die *Lettres philosophiques ou lettres sur les Anglais* (1734), später dann die *Eléments de la philosophie de Newton* (1738). Mit diesen Werken machte er in Frankreich die anticartesianische Erkenntnistheorie Lockes und die anticartesianische Physik Newtons populär. Gleichzeitig blieb Voltaire aber immer auch als Dichter tätig, z.B. mit den Dramen *Zaïre* (1732) und *Mahomet* (1741), die schon wesentlich der Aufklärungspropaganda, z.B. dem Kampf gegen den Fanatismus, dienten; die meisten seiner Schauspiele sind sogenannte „philosophische" Tragödien. Nachdem er eine Zeitlang auf dem Gut seiner gelehrten Freundin, der Madame de Châtelet (1706–1749), und kurzfristig wieder in Paris gelebt hatte, nahm Voltaire – nach mißglückten Annäherungsversuchen an den französischen Hof – eine Einladung Friedrichs II. (1740–1786) an und war 1750–1753 dessen Gast auf Schloß Sanssouci in Potsdam. In diesen Jahren veröffentlichte er u.a. seine historischen Studien, *Le Siècle de Louis XIV* (1751) und den *Essay sur l'histoire générale et sur les mœurs et l'esprit des peuples* (1753), und arbeitete an seinem philosophischen Wörterbuch, das 1764 zum ersten Mal unter dem Titel *Dictionnaire philosophique portatif* erschien. Auch dieses Werk diente vor allem der Kritik der Kirche und des Aberglaubens. Nach dem Bruch mit dem Preußenkönig ging Voltaire zunächst in die Schweiz, um dann in Frankreich, inzwischen (nicht zuletzt durch Waffengeschäfte) reich geworden, das Schloß Ferney an der Grenze zur Schweiz zu erwerben. Hier entstanden einige seiner

„philosophischen" Erzählungen, von denen insbesondere die Satire *Candide ou l'optimisme* (1759) bekannt geworden ist; sie artikuliert, wie schon das Gedicht über das Erdbeben von Lissabon (*Le poème sur le désastre de Lisbonne* 1756), den oftmals zynischen Pessimismus des alternden Voltaire. Außerdem führte er einen europaweiten Briefwechsel mit vielen Größen seiner Zeit. Das größte Aufsehen erregte er jedoch mit seinem Eintreten für die Familie Callas und einige andere protestantische Familien, die in Frankreich Opfer einer religiös motivierten Justiz geworden waren. Bei seinem letzten Besuch in Paris, wo er triumphal gefeiert wurde, ist er, vermutlich infolge von Überanstrengung, gestorben.

Voltaire war zwar ein bedeutendes, ideenreiches Multitalent, aber weder ein großer Dichter noch ein eigenständiger Philosoph in irgendeinem engeren Sinne des Wortes. Seine meist ziemlich unsystematisch geäußerten Ansichten über die Erkenntnis aus Erfahrung, die Ordnung der Natur oder die Notwendigkeit der Tugend halten sich, wie auch seine tendenziell deistischen Vorstellungen von einer höchsten Intelligenz, im Rahmen des Zeitüblichen; seine Verspottung des von ihm so genannten Optimismus bleibt oberflächlich. Seine politischen Ideen sind zwar durch seine Englandreise beeinflußt worden, nämlich in Richtung auf eine konstitutionelle Monarchie; faktisch hält er jedoch immer Distanz zum Volk und sucht die Nähe des Adels und der Könige. Auch seine Philosophie der Geschichte – dieser Ausdruck scheint von ihm selbst zu stammen – knüpft an vorhandene Erörterungen, insbesondere die von David Hume, an. Dennoch hat Voltaire in Frankreich den Prozeß der aufklärerischen Bewußtseinsbildung wie kein anderer vorangetrieben. Er galt vielen als die Inkorporation der französischen Aufklärung und war schon zu Lebzeiten eine Art Institution.

Voltaire und Montesquieu waren nicht die einzigen, die englisches Gedankengut nach Frankreich brachten; besonders auf dem Gebiet der Naturwissenschaft bzw. Naturphilosophie brach in den dreißiger Jahren eine wahre Anglomanie aus. Auch Pierre Louis Moreau de Maupertuis (1698–1759) hatte seinen Anteil daran. Der hochbegabte Mathematiker, der schon früh in die Akademie der Wissenschaften aufgenommen wurde, hatte sich nach einem Englandbesuch dem Newtonianismus verschrieben und kritisierte aus dieser Perspektive Descartes' Kosmologie. Später schloß er sich Hume an und radikalisierte den Empirismus dadurch, daß er auch die Mathematik auf *sensations* zurückzuführen versuchte. Zwar fand er in der Gesetzmäßigkeit der Natur noch eine Stütze für einen (deistischen) Glauben an Gott, doch neigte er später auch zu naturphilosophischen, teils materialistischen, teils pantheistischen Spekulationen. Seit 1746 war er Präsident der Preußischen Akademie der Wissenschaften in Berlin.

Deutlicher wurden die frühen materialistischen Tendenzen der französischen Aufklärung bei dem Arzt Julien Offray de La Mettrie (1709–1751). Dieser mußte, nachdem er eine scharfe Satire gegen das französische Medizinalwesen veröffentlicht hatte, aus Frankreich fliehen und gelangte über Holland an den Hof Friedrichs II., der ihn als seinen „Vorleser" einstellte. In seinem Hauptwerk *L'homme machine* (1747) beschrieb La Mettrie den Menschen als einen Mechanismus ohne eigenständige Seele und ohne Freiheit und folgerte daraus u.a. das Recht der Menschen auf Genuß. Damit treten noch vor der Jahrhundertmitte in Frankreich materialistische Tendenzen zu Tage, die sich nun mit der Figur des *philosophe* assoziieren. Denn noch vor der Jahrhundertmitte gewinnt die Gestalt des *philosophe*, der schon 1720 Gegenstand einer Satire gewesen war, feste Umrisse. Einen wichtigen Beitrag dazu lieferte die Abhandlung *Le philosophe*, die 1743 anonym in einer Textsammlung mit dem Titel *Nouvelles libertés de penser* erschien und die dem Abbé César Chesneau Du Marsais (1676–1756), der namentlich als Grammatiker bekannt wurde, zugeschrieben wird. In dieser stark programmatischen Schrift wird der Philosoph unter offenbar materialistischen Voraussetzungen als eine denkende Maschine definiert, und zwar als eine sich selbst reflektierende Maschine, und mit einer Uhr, die sich selbst aufzieht, verglichen. Dadurch erhebt sich der Philosoph über die Masse der Menschen, doch ist es zugleich sein Hauptziel, in der Gesellschaft zu leben und der Gesellschaft zu dienen. Seine „einzige Gottheit“ ist die Gesellschaft, seine Hauptleistung scheint im Kampf gegen Vorurteile und Aberglauben zu bestehen.

Die Abhandlung *Le philosophe* erregte zu ihrer Zeit ein gewisses Aufsehen. Sie wurde von Voltaire kritisiert und umgeschrieben, außerdem fand sie in veränderter Form als Artikel Aufnahme in das Hauptwerk der französischen Aufklärung, die *Enzyklopädie*; in beiden Fällen wurde vor allem die Tendenz zum Materialismus abgeschwächt. Interessanterweise geht es jedoch in dieser ganzen Diskussion eigentlich nicht um die Philosophie, sondern nur um den Philosophen, d.h. um den *philosophe* als eine Figur der französischen Geselligkeitskultur. Aber natürlich gibt es auch in Frankreich noch einen ganz anderen Philosophentypus.

Etienne Bonnot de Condillac (1715–1780), von Beruf Geistlicher und Prinzenerzieher, vermeidet alle materialistischen Konsequenzen des von ihm unter dem Einfluß von Locke entwickelten Sensualismus. In seinem *Traité des sensations* (1754) entwickelt er die Fiktion einer Marmorstatue, der nacheinander die einzelnen Sinne verliehen werden und die auf diese Weise zu menschlichen Erkenntnissen kommt, hält aber an der Existenz einer selbständigen Seele fest. Wichtig für die Entwicklung der französischen Aufklärung wurde auch sein *Traité des systèmes* (1749), in dem er das Ausarbeiten von Systemen als philosophischen Irrweg darzustellen versucht. Damit beeinflußte er das Denken der Enzyklopädisten, doch hielt er selber auf Distanz zu ihnen und protestierte nachdrücklich, als diese ohne seine Erlaubnis zwei Texte von ihm veröffentlichten. Später hat sich Condillac vor allem mit Problemen der Wissenschaftssprache befaßt.

So wie es außerhalb des engeren Kreises der *philosophes* eine eigenständige Philosophie und Wissenschaft gab, so auch eine Literatur von Dichtern, die nicht zum Typus des *philosophe* gehören, auch wenn sie eine gewisse Affinität zum aufklärerischen Gedankengut haben. Und wie in England ist es vor allem die von poetologischen Normen freie Erzählung, der Roman, der zum Spielfeld neuartiger schöpferischer Leistungen wird.

Der erste bedeutende Romancier der beginnenden Aufklärung war Alain-René Lesage (1668–1747), der sich noch stark an den spanischen Schelmenroman anlehnte, aber auch der Moralistik verpflichtet war. In seinem Sittenroman *Le diable boiteux* (1707) hebt der Teufel die Dächer ab, um das wirkliche Leben sichtbar zu machen. In dem in der Ich-Form geschriebenen Fortsetzungsroman *Histoire de Gils Blas de Santillane* (1715–1735) wird die Gesellschaft hingegen von innen, aus der Dienerperspektive, kritisiert. Lesage, der auch eine Reihe satirischer Lustspiele geschrieben hat, scheint allerdings keine Beziehung zu theoretischen Aufklärungskonzepten oder praktischen Reformbewegungen gehabt zu haben.

Marivaux, mit vollem Namen Pierre Carlet de Chamblain Marivaux (1688–1763), fand durch seinen Verkehr in verschiedenen Salons Anschluß an die Aufklärung und gab zunächst den *Spectateur Français* (1721–1724), eine Nachahmung des englischen *Spectator*, heraus. Dann verfaßte er eine Reihe von Komödien für die populäre *Comédie italienne* in Paris, in denen er sich mit der Psychologie der Liebe beschäftigte, aber auch mit typisch aufklärerischen Themen wie der Gegenüberstellung der Vorurteile der Europäer und der Vernunft der Wilden (*L'Ile de la raison* 1727). Bekannt geblieben ist er vor allem durch seinen Roman *La vie de Marianne* (1731–1742), in dem der Lebensweg der tugendhaften und großherzigen Waise Marianne in einer nur scheinbar gesitteten Gesellschaft bis zu ihrem Eintritt ins Klosterleben psychologisch detailliert geschildert wird.

Der dritte große Romancier der frühen Aufklärung ist Antoine-François Abbé Prévost d'Exiles (1697–1763). Der Jesuitenschüler floh zunächst vor dem Militärdienst in den Benediktinerorden, dann vor den Patres nach England, wo er sogar zum Protestantismus übertrat, um dann doch wieder in den Benediktinerorden einzutreten und dort sogar Prior zu werden. Zwischendurch gab Prévost eine Literaturzeitschrift heraus, die der Aufklärung nahestand, und schrieb mehrere Romane. Davon ist vor allem die tragische Liebesgeschichte *Histoire du Chevalier Des Grieux et de Manon Lescaut* (1731), der letzte Band einer siebenbändigen Fortsetzungsgeschichte, bekannt geblieben, da die Erzählung später als Vorlage für verschiedene Opern gedient hat. Auch als Übersetzer von Richardson bereitet Prévost den sentimentalen Roman und damit eine neue literarische Epoche in Frankreich vor.

3. Von der Enzyklopädie zur Revolution

Um die Mitte des 18. Jahrhunderts beginnt sich die Aufklärung in Frankreich auszubreiten und zunehmend zu radikalisieren. Voltaires Angriffe auf die Kirche gewinnen an Schärfe, die moralische Gesellschaftskritik wird wie schon bei Montesquieu immer deutlicher zur politischen Absolutismuskritik. Auch die Zahl der Aufklärer nimmt zu, und sie beginnen das Geistesleben zu beherrschen. Voltaire und andere Aufklärer werden in die Akademie aufgenommen und entwickeln ein Gruppenbewußtsein, indem sie sich als philosophische Partei („parti des philosophes") gegen die religiöse Partei („parti dévot") formieren. Ihre wichtigsten Treffpunkte sind die Salons, gesellige Zusammenkünfte, meist von adeligen Damen organisiert, zu denen sich aber auch Clubs und Freimaurerlogen nach englischem Vorbild gesellen. Vor allem finden die Aufklärer jetzt ein gemeinsames Projekt, um das sie sich scharen und das nicht nur für sie zum Aufklärungswerk schlechthin wird: die *Enzyklopädie* von Jean Le Rond d'Alembert (1717–1783) und Denis Diderot (1713–1784).

1745 hatte ein Verlegerkonsortium beschlossen, die schon 1728 erschienene englische *Cyclopaedia* von Ephraim Chambers (1680–1740) in französischer Übersetzung herauszubringen, und d'Alembert und Diderot mit dieser Aufgabe betraut. Im Zuge der Vorbereitung entstand jedoch der Plan einer völlig neuen, umfassenden Darstellung aller Wissenschaften, Künste und Berufe in alphabetischer Reihenfolge, die dann unter dem Titel *Encyclopédie ou Dictionnaire rai-*

sonné des Sciences, des Arts et des Métiers par une société de gens de lettres zwischen 1751 und 1780 in insgesamt 35 Bänden erschien. Ihre Publikationsgeschichte wird zur Geschichte des Kampfes der Aufklärung in Frankreich. Schon die Vorbereitung des Werkes verzögerte sich, weil Diderot 1749 wegen einiger allzu freigeistiger Äußerungen für einige Monate ins Gefängnis mußte. 1752 wurden die ersten Bände verboten, ab 1753 konnten weitere vier Bände erscheinen, aber 1759 wurde das Erscheinen der *Enzyklopädie* ganz unterdrückt, bis ab 1760 die weiteren Bände publiziert werden konnten. Zum Hintergrund gehören u.a. die Angriffe der Jesuiten, die Schmähschriften des Schriftstellers Charles Palissot de Montenoy (1730–1814), insbesondere seine Komödie *Les philosophes* (1760), vor allem aber ein Attentat auf Ludwig XV. (1757), als dessen geistige Urheber die Aufklärer verdächtigt wurden. Andererseits setzte sich selbst Madame Pompadour (1721–1764), die Maitresse Ludwigs XV., für die Veröffentlichung ein. So wurde die Herausgabe der *Enzyklopädie* letztlich zum Symbol des Sieges der Aufklärung in Frankreich. Allerdings wurde sie nach ihrem ersten Verbot im Ton moderater und erlegte sich eine gewisse Selbstzensur auf.

Die das Werk geistig tragende Gruppe von Schriftstellern ist um die Jahrhundertmitte zum Sammelpunkt der französischen Aufklärung geworden. Allerdings sind viele Artikel nicht original. Der von Diderot selbst redigierte Artikel *Le philosophe* geht fast wörtlich auf die gleichnamige Schrift von Du Marsais zurück; viele philosophische Artikel sind von ihrem Autor, dem in Berlin lebenden Hugenotten Jean Henri Samuel Formey (1711–1797), z.T. wörtlich aus dem *Universal-Lexicon* von Heinrich Zedler (1706–1763) übernommen, das von 1732 bis 1754 in 64 Bänden und 4 Supplementbänden erschien und seinerseits in puncto Philosophie schon auf dem *Philosophischen Wörterbuch* (1726) von Johann Georg Walch (1693–1775) basierte. Dennoch bleibt die *Enzyklopädie* eine Jahrhundertleistung. Insgesamt lieferten beinahe 200, z.T. bis heute namentlich unbekannte Autoren kleinere oder größere Beiträge zu diesem Werk, so z.B. auch Voltaire, der allerdings auf Abstand hielt. Die Hauptlast der Arbeit lag jedoch bei den Herausgebern d'Alembert und Diderot, nach dem Ausscheiden d'Alemberts sogar allein bei Diderot.

D'Alembert war das uneheliche Kind eines Generals und einer adeligen Dame, die in Paris einen bekannten Salon unterhielt. Von seiner Mutter zunächst als Findelkind ausgesetzt, wurde er mit Unterstützung seines Vaters aufgezogen und ausgebildet. Als hochbegabter Mathematiker und Naturwissenschaftler wurde er schon mit 23 Jahren Mitglied der Akademie der Wissenschaften und später deren Sekretär. Sein wichtigster Beitrag war die einleitende Abhandlung zur Enzyklopädie (*Discours préliminaire à l'Encyclopédie* 1751), in der er eine Bestandsaufnahme der ‚Wissenschaften' seiner Zeit versuchte. Seine Einteilung aller Erkenntnisse folgte der des englischen Philosophen Francis Bacon, der diese bereits nach psychologischen Kriterien (nämlich der Einteilung der Geistesfähigkeiten in Vernunft, Gedächtnis und Phantasie) geordnet hatte; die Vernunft ist der Ursprung der Wissenschaften und der von den übrigen Wissenschaften noch nicht getrennten Philosophie. In der Einteilung der Philosophie folgte d'Alembert jedoch weitgehend dem ungenannten deutschen Philosophen Christian Wolff (1679–1754), indem er ähnlich wie dieser zwischen einer *metaphysica generalis* (Ontologie) und einer *metaphysica specialis* unterschied und diese nach ihren drei Hauptgegenständen in Theologie („science de Dieu"), hier einschließlich Offenbarungstheologie, Anthropologie („science de l'homme") und Naturwissenschaft („science de la nature") einteilte. Insofern handelt es sich also bei dieser vielfach als revolutionär gefeierten Darstellung um eine erstaunlich konservative Konzeption. Allerdings kritisierte d'Alembert unter Berufung auf Condillac den philosophischen Systemgeist („l'esprit de système") und verlangte stattdessen einen systematischen Geist in aller Forschung („esprit systématique"). 1758 zog er sich aus der Mitverantwortung für die Herausgabe der *Enzyklopädie* zurück, um seine Position in der Akademie nicht zu gefährden.

Die Hauptlast der Arbeit und Verantwortung für das Erscheinen der *Enzyklopädie* lag nun bei Diderot, neben Voltaire das bedeutendste Multitalent der französischen Aufklärung. Er stammte aus einer Handwerkerfamilie, studierte einige Jahre in Paris und mußte, da er sich weigerte, Priester zu werden, lange Zeit von Gelegenheitsarbeiten leben. 1745 übernahm er die Hauptverantwortung für die Planung der *Enzyklopädie*. Trotz dieser kräftezehrenden Aufgabe fand Diderot noch Zeit für eine ganze Reihe anderer Arbeiten, sowohl für theoretische Abhandlungen als auch für rein literarische Werke. Zu den theoretischen Arbeiten gehören die frühen *Pensées philosophiques* (1746) sowie die Briefe über die Blinden und die Taubstummen (*Lettre sur les aveugles* 1749, *Lettre sur les sourds et muets* 1751), in denen Diderot eine sensualistische Erkenntnistheorie entwickelte und die Grundlagen für eine Taubstummensprache legte. In den *Pensées sur l'interprétation de la nature* von 1754, und in *Le rêve de d'Alembert*, der 1769 entstanden, aber erst 1830 veröffentlicht worden ist, wandte Diderot sich naturwissenschaftlichen Themen zu. Er bekämpfte den Cartesianismus, fragte nach der Entstehung der Arten und tendierte dabei mehr und mehr zum Atheismus und Materialismus.

Diderots literarische Werke sind z.T. erst posthum erschienen. In einigen von ihnen versucht er, seine allerdings nur ansatzweise entwickelten ästhetischen Theorien zu praktizieren. Die frühen Romane (*Les Bijoux indiscrets*, *La Religieuse*) verknüpfen lasziv erotische Geschichten mit der erklärten Absicht, über den Verfall der Sitten in der Gesellschaft wie in der Kirche aufzuklären. In seinen späteren Dialogromanen *Le Neveu de Rameau* und *Jacques le fataliste et son maître*, die stark unter englischem Einfluß stehen und Diderot als einen eher sentimentalen Autor ausweisen, versucht er, sich dialektisch über grundsätzliche Fragen wie die der Willensfreiheit Klarheit zu verschaffen; doch bleibt seine Position oftmals unklar oder schwankend. Auch seine damals innovativen Theorien über das ernsthafte Drama („drame sérieux"), das sich gerade aus der weinerlichen Komödie („comédie larmoyante") als eine dritte Gattung zwischen Tragödie und Komödie zu entwickeln begann, bleiben in Ansätzen stecken.

Das Erscheinen der *Enzyklopädie* bedeutete den Durchbruch der Aufklärung in Frankreich. In ihrem Umkreis entstehen jetzt eine Reihe von Werken, in denen deistische und atheistische, sensualistische und materialistische Tendenzen weiterentwickelt werden. Außerdem zeitigen die zunehmend naturalistischen Tendenzen der französischen Aufklärung jetzt mehr und mehr auch Konsequenzen für die Auffassung des Menschen und der menschlichen Gesellschaft in der Ethik und Sozialphilosophie. Die „Philosophen" dieses Typs haben, obwohl zahlenmäßig gering, das Bild der französischen Aufklärung nicht nur in ihrer Zeit und nicht nur in Frankreich selbst geprägt.

George-Louis Leclerc, Comte de Buffon (1707–1788), seit 1739 Aufseher der königlichen Gärten, hat eng mit den Enzyklopädisten zusammengearbeitet, doch hielt er sich aus den politischen Streitigkeiten heraus; von ihm stammen direkt oder indirekt die meisten naturwissenschaftlichen Artikel. Sein monumentales Werk *Histoire naturelle*, das ab 1749 erscheint und nach seinem Tode bis 1804 fortgesetzt wird, umfaßt 44 Bände, in denen die Natur in ihren Erscheinungsformen wie in ihrer mutmaßlichen Geschichte beschrieben wird; von den Zeitgenossen wird es mit der *Enzyklopädie* verglichen. Die Erklärung der Natur aus Zweckursachen lehnt Buffon ab, er beschreibt sie nach Nützlichkeitsgesichtspunkten. Obwohl seine Theorien z.T. sehr zeitbedingt sind, hat er durch viele Einzeleinsichten wie auch durch seinen Wissenschaftsoptimismus zur Entwicklung und vor allem zur Ausbreitung der modernen Naturwissenschaft beigetragen, nicht zuletzt deshalb, weil er zugleich ein eleganter Stilist war. Aus seiner Antrittsrede in der Akademie (*Discours sur le style* 1753) stammt der berühmte Satz, daß der Stil Ausdruck der Person sei („Le style c'est l'homme même").

Claude-Adrien Helvetius (1715–1771), der schon in jungen Jahren das Amt eines Generalsteuerpächters erhielt, wurde früh reich, konnte sich auf sein Schloß zurückziehen und sich seinen philosophischen Neigungen widmen. Nach einigen poetischen Jugendwerken wandte er sich der Ausarbeitung einer Moral- und Rechtsphilosophie auf der Basis der Selbstliebe zu. 1758 erschien seine bekannteste Schrift *De l'esprit*; sein Buch *De l'homme* konnte jedoch erst 1773, nach seinem Tode, erscheinen. Die umfangreiche Abhandlung über den Geist war nämlich auf allgemeine Kritik gestoßen, und zwar nicht nur in religiös und politisch konservativen Kreisen, sondern auch bei den *philosophes*. Helvetius wurde gezwungen, sein Werk, das schon ein Jahr später in deutscher Übersetzung erscheinen konnte, vor allem wegen seiner Attacken auf Kirche und Religion zu widerrufen. Im Grunde hatte er nur – wie viele andere vor und nach ihm – behauptet, die Selbstliebe sei unser einziges wirkliches Handlungsmotiv, aufgrund dessen wir Lust erstreben und Unlust zu vermeiden suchen. Es komme daher alles auf die richtige Leitung der Selbstliebe an, damit sie mit dem Gemeinwohl („le salut public") harmoniere, denn am Gemeinwohl als Norm hielt auch Helvetius fest.

Die atheistischen und materialistischen Tendenzen finden sich am ausgeprägtesten bei dem Pfälzer Paul Heinrich Dietrich Freiherr von Holbach (1723–1789), der in Paris aufwuchs und dort unter dem Namen Paul Thiry d'Holbach lebte. Er war Mitarbeiter der *Enzyklopädie* und zugleich aufgrund seines Reichtums einer ihrer mächtigsten Förderer. Seine radikalen Überzeugungen konnte er nur anonym oder im Ausland veröffentlichen. Zunächst schrieb er eine Reihe von Polemiken gegen die Kirche und die christliche Religion und publizierte in diesem Zusammenhang unter dem Namen des bereits verstorbenen Grammatikers Du Marsais 1769 auch eine Abhandlung über die Vorurteile (*Essai sur les préjugés*), die nicht selten ihm selbst zugeschrieben wird. 1770 versuchte Holbach dann, seine Überzeugungen in einem grundsätzlichen und umfassenden Werk (*Système de la nature*) darzustellen – ein Buch, das nicht nur bei den Aufklärungsgegnern, sondern z. B. auch bei Voltaire auf heftige Kritik stieß. Zuletzt wandte er sich den Problemen der Gesellschaft zu und versuchte, auf der Grundlage einer eudämonistischen Ethik (und nicht ohne

Widerspruch zu seinen materialistischen Vorstellungen) ein ideales Sozialsystem zu entwickeln (*Système social* 1773, *Ethocratie* 1776).

Offensichtlich waren es nicht zuletzt die wirtschaftlichen und sozialen Krisen Frankreichs, die etwa seit der Jahrhundertmitte bis zur Spätaufklärung Schriftsteller verschiedener Herkunft und mit unterschiedlichsten Absichten zur grundsätzlichen Beschäftigung mit dem Problem einer verbesserten Gesellschaftsorganisation veranlaßten. Dabei waren die Übergänge zwischen utopischen Romanen und wissenschaftlich gemeinten Abhandlungen fließend. Schon Jean Meslier (1664–1733), ein Bauernsohn, der auf Wunsch seiner Eltern Priester geworden war und es auch, obwohl wahrscheinlich ungläubig, zeitlebens blieb, hatte kurz vor seinem Tod eine Art politisches Testament verfaßt (*Mémoire des pensées et des sentiments de Jean Meslier*), in dem die Kirchenkritik zur Forderung nach Revolution und Gütergemeinschaft weiterentwickelt wurde. Es wurde erst 1762 gekürzt und entradikalisiert von Voltaire herausgegeben. Am Gegensatz von Leben und Werk Mesliers tritt die durch die französischen Verhältnisse erzwungene Diskrepanz von öffentlichem Konformismus und privater Überzeugung besonders zu Tage. – Gabriel Bonnot de Mably (1709–1785), der aus dem Beamtenadel stammte, hatte in einem ersten erfolgreichen Werk noch die absolutistische Monarchie gerechtfertigt, so daß er sogar Kardinalssekretär wurde, dann aber u.a. in der Schrift *De la législation ou Principes des lois* (1776) eine zum Kommunismus tendierende, demokratische Gesellschaftsordnung gefordert. Später bezogen sich die Jakobiner auf einige seiner Ideen. – Louis-Sébastien Mercier (1740–1814) wurde mit seinem utopischen Roman über das Jahr 2440 (*L'an deux mille quatre cent quarente* 1770), in dem er das Individuum völlig der Gemeinschaft unterordnet, berühmt. Später schrieb er eine einflußreiche Dramentheorie, in der jetzt Tragödie und Komödie als Unterarten des Dramas fungieren.

In den Jahrzehnten vor der Revolution herrscht anders als in den utopischen Entwürfen im ökonomisch-sozialen Denken zunächst die Theorie der sogenannten Physiokraten. Diese Theorie, die allen Reichtum auf die Landwirtschaft zurückführt, richtete sich gegen die traditionelle (später Merkantilismus genannte) Theorie, daß der Wohlstand eines Staates auf seinem durch Handel erworbenen Geldschatz beruhe. Die physiokratische Lehre wurde von dem Hofarzt François Quesnay (1694–1774) begründet; ihr bekanntester Vertreter war Turgot, mit vollem Namen Anne-Robert-Jacques, Baron de l'Aulne Turgot (1727–1781), der kurzfristig, allerdings erfolglos, sogar Minister war. Einige der Physiokraten hofften auf eine Art aufgeklärten Despotismus, um ihre Theorien umsetzen zu können, sie näherten sich also wieder dem (aufgeklärten) Absolutismus an.

Die Aufklärungsbewegung, ob liberal oder sozial ausgerichtet, wurde in Frankreich vielfach durch den Staat und die Kirche behindert. Aber natürlich war sie auch Gegenstand geistiger Auseinandersetzungen, es gab auch eine meist katholische Gegenaufklärung, die die angegriffenen Positionen verteidigte und die *philosophes* lächerlich zu machen versuchte. Der bekannteste Vertreter dieser aus der Perspektive der Aufklärer *anti-philosophes* genannten Gegner der Aufklärer war Claude Adrien Nonotte (1711–1793), der ein gegen Voltaire gerichtetes Wörterbuch herausgab. Wirklich in Frage gestellt wurde die Aufklärung jedoch erst von dem in Frankreich lebenden Schweizer Jean-Jacques Rousseau (1712–1778), der mit dem scharfen Blick des Außenseiters die Grenzen der Aufklärung aufdeckte. Er stellte die von Voltaire gefeierte Pariser Salonkultur grundsätzlich in Frage, seine Gefühlsreligion sollte die aufklärerische Verstandesreligion, vor allem in deutschen Dichterkreisen, alsbald verdrängen. Für ihn war der *philosophe* kein Ideal, sondern nur Erscheinungsform einer degenerierten Kultur.

Jean-Jacques Rousseau wurde als Sohn eines calvinistischen Uhrmachers in der Republik Genf geboren. Zu geregeltem Leben unfähig, flüchtete er schon in jungen Jahren nach Frankreich, wo er unter dem Einfluß einer mütterlichen Geliebten zum Katholizismus übertrat. 1741 ging er nach Paris, wo er mit den Enzyklopädisten, insbesondere mit Diderot, in Kontakt kam. 1750 wurde er mit einem Schlag berühmt, als er im Widerspruch zum Zeitgeist die Preisfrage der Akademie von Dijon, ob der Fortschritt der Wissenschaften und der Künste dazu beigetragen habe, die Moral zu verbessern, negativ beantwortete und die Akademie seiner Abhandlung den ersten Preis zusprach (*Discours sur les Sciences et les Arts* 1750). Sein Versuch, mit einer zweiten Abhandlung über den Ursprung und die Grundlagen der Ungleichheit unter den Menschen (*Discours sur l'origine de l'inégalité parmi les hommes* 1755) als Antwort auf eine weitere Preisfrage seinen Erfolg zu wiederholen, mißlang allerdings. Zwischenzeitlich (1754) kehrte er nach Genf zurück, wo er zum Calvinismus rekonvertierte, das Bürgerrecht erwarb und sich ein junges ungebildetes Mädchen zur Lebensgefährtin erwählte. Von seinen Freunden nach Frankreich zurückgeholt und finanziell unterstützt, schrieb er nun in schneller Folge seine Hauptwerke: *Julie: ou, la nouvelle Héloïse* (1761), *Emile: ou, de l'éducation* (1762), *Du contrat social* (1762). Die Veröffentlichung des *Emile* führte jedoch zu einer mehrjährigen politischen Verfolgung, weil das darin enthaltene *Glaubensbekenntnis eines savoyischen Vikars*, in dem eine Natur- und Gefühlsreligion propagiert wird, nicht nur von kirchlichen Kreisen scharf kritisiert wurde. Gegen Rousseau erging ein Haftbefehl des Pariser Parlaments, sein Buch wurde in Paris und in Genf öffentlich verbrannt, und Rousseau mußte im Verborgenen leben; daher ging er mit Hume nach England, wo er seine *Confessions* zu schreiben begann. 1767 kehrte er, vom Verfolgungswahn und einem Nervenleiden zerrüttet, nach Frankreich zurück, wo er die letzten Jahre seines Lebens in völliger Abgeschiedenheit verbrachte.

Rousseau wurde als Kritiker der politischen und kulturellen Zustände in Frankreich zum Kritiker des Absolutismus und der Aufklärung überhaupt; er wurde sogar zum Propheten einer alten und zugleich neuen Ursprünglichkeit. Sein erster *Discours* ist eine leidenschaftlich vorgetragene antiintellektualistische Zivilisationskritik. Demnach sind die Wissenschaften und Künste unnütz und schädlich, sie haben die ursprünglich gute Natur des Menschen und vor allem seine ursprünglichen Gemeinschaftstugenden verdorben. In seinem zweiten *Discours* versucht Rousseau, die Entwicklung der Menschheit etwas differenzierter zu sehen. Demnach lebt der Naturmensch ursprünglich einzeln und zufrieden, nur in der Paarungszeit kommen die Menschen zusammen. Erst in dem Augenblick, wo die Menschen einander brauchen, verschwindet die ursprüngliche Gleichheit; mit der Einführung von Ackerbau und Arbeitsteilung entsteht das Privateigentum und damit die bürgerliche Gesellschaft mit ihren Ungleichheiten und Unfreiheiten, die durch den Staatsvertrag festgeschrieben werden. Die ursprüngliche natürliche Selbstliebe wird dadurch zur schädlichen und lasterhaften Selbstsucht. In seinem *Contrat social*, der im wesentlichen schon 1754 geschrieben wurde, geht Rousseau noch einen Schritt weiter in Richtung auf ein historisch-kritisches Verständnis der gegenwärtigen gesellschaftlichen Zustände; der Gesellschaftsvertrag wird nun als ein notwendiger Schritt auf dem Wege möglicher menschlicher Selbstvervollkommnung gesehen. Der vorstaatliche natürliche Mensch ist ein freies und sich selbst genügendes Wesen, das seine natürliche Freiheit nur deshalb aufgegeben hat, um sie auf höherer Ebene als bürgerliche Freiheit wiederzuerlangen. Im Gesellschaftsvertrag bildet sich ein allgemeiner Wille („volonté générale"), der einen absoluten normativen Vorrang vor allen besonderen Willen hat, der aber nicht mit einer bloßen Addition der einzelnen Willen, dem Willen aller („volonté de tous"), verwechselt werden darf. Der Gesellschaftsvertrag schützt den einzelnen, sein Leben und sein Eigentum. Der gute Bürger findet sich selbst im allgemeinen Willen wieder; er bleibt frei, weil er sich selbst gehorcht, indem er der Gemeinschaft, die von Rousseau auch Nation oder Volk genannt wird, gehorcht. Deshalb ist die Souveränität des Volkes unteilbar und unveräußerlich, auch wenn im einzelnen über die Machtverteilung im Staat besondere Abmachungen möglich sind. Mit dieser Theorie der Volkssouveränität bereitet Rousseau, auch wenn er selbst dem Ideal eines kleinen politischen Gemeinwesens nach dem Modell der von ihm verklärten Genfer Republik verhaftet bleibt, den Boden für nationalistische und mystisch-totalitäre Staatsphilosophien, wie sie in der Französischen Revolution und dem 19. und 20. Jahrhundert aufkommen.

Rousseaus Kritik der gesellschaftlichen Zustände und seine Suche nach der wahren Gesellschaft mußten ihn nahezu unvermeidlich auf das Problem der Moral und der Erziehung führen. In seinem Briefroman *Julie*, einem „roman philosophique“, geht es jedoch zunächst noch um die Lösung eines individuellen erotischen Konflikts. In dem Dreiecksverhältnis zwischen der Romanheldin, ihrem Ehemann und ihrem Geliebten entscheidet sich Julie zwar für Entsagung und Pflicht, aber der tragische Sieg der Vernunft wertet im Grunde das Recht des Gefühls auf. Das Buch wurde zum größten literarischen Bestseller seiner Zeit. Im *Emile* hat Rousseau dann ein neues Verständnis von Kindheit begründet. Wie alles Ursprüngliche, so sind auch Kinder von Natur aus gut; die Erziehung muß ihre erste Hauptaufgabe darin sehen, alle schädlichen Einflüsse von ihnen fernzuhalten (was allerdings praktisch nur durch Privaterziehung möglich ist). Darüber hinaus muß die Erziehung die einzelnen Stufen des Heranwachsens beachten und die Kinder jeweils kindgemäß lernen lassen. Außerdem gehört zur richtigen Erziehung eine geschlechtsspezifische Ausbildung. Damit legt Rousseau die Grundlagen für eine neue Auffassung der Frau als Natur- und Gefühlswesen.

Rousseaus Weltsicht, sein schwärmerisches Naturverständnis, seine Aufwertung des Gefühls, sein neues Verständnis von politischer Gemeinschaft, seine Entdeckung der Kindheit, seine Reinterpretation der Geschlechterbeziehung, seine leidenschaftliche Sprache – dies alles hat nicht nur die Philosophie, die Politik und die Pädagogik (vor allem in Deutschland) beeinflußt, sondern auch die Literatur im weitesten Sinne des Wortes. Überall treten nun rousseauistische Tendenzen, normative Idyllen, in Konkurrenz zu den rationalistischen Tendenzen der Aufklärung. Zwar gibt es immer noch die sozusagen schon klassische Aufklärungsliteratur, aber die großen

Erfolge gehören jetzt in aller Regel dem neuen Stil. Gemeinsam ist den jüngeren Schriftstellern, daß sie alle die moralischen Verhältnisse im spätabsolutistischen Frankreich anprangern und insofern aus historischer Perspektive de facto vorrevolutionär sind. Ganz unter dem Einfluß von Rousseau steht z.B. Jacques-Henri Bernardin de Saint-Pierre (1737–1814), der in seinem erfolgreichen Roman *Paul et Virginie* (1788) zwei Naturkinder an der schlechten Pariser Gesellschaft scheitern läßt. Ein ähnliches Schema von Stadt und Land legt Nicolas Edme Restif de la Bretonne (1734–1808) seinem Briefroman *Le paysan perverti ou Les dangers de la ville* (1776) zugrunde, in dem ein Geschwisterpaar vom Lande den Gefahren der Stadt erliegt und dadurch zu Tode kommt. Am erfolgreichsten aber war Pierre Ambroise François Choderlos de Laclos (1741–1803) mit seinem Briefroman *Les liaisons dangéreuses* (1782), in dem er adelskritisch das Thema der verfolgten Unschuld behandelt. Gleichzeitig schlägt die Idee einer guten Natur in den Romanen des Marquis de Sade (1740–1814), in denen mit äußerster Radikalität das Ausleben der Triebe propagiert wird, in ihr Gegenteil um.

Auch im Theater dominiert jetzt die gesellschaftskritische Tendenz, vor allem in der dafür besonders geeigneten Komödie. Auf diesem Gebiet ist Pierre-Augustin Caron de Beaumarchais (1732–1799) bis heute berühmt geblieben – nicht durch aufklärerische Moralpredigten, sondern durch hintergründig heiteres Spiel. Sein erster großer Erfolg war *Der Barbier von Sevilla* (*Le Barbier de Séville* 1775), der noch stark an das italienische Vorbild der *comedia dell'arte* anknüpft und daher schon von sich aus zur *opéra comique* tendiert. Hauptheld ist nicht der Graf Almavira, sondern sein Diener Figaro, der die Aristokratie entlarvt. Die noch bekanntere Fortsetzung, die Komödie *Figaros Hochzeit* (*La folle journée ou Le mariage de Figaro*), konnte erst 1784, nach jahrelangen Auseinandersetzungen mit der Zensur, aufgeführt werden. Hier wird der politische Akzent der Adelskritik noch deutlicher; die Komödie geht haarscharf an der Tragödie vorbei, der Konflikt wird noch einmal spielerisch-heiter aufgelöst.

1789 bricht in Paris – nach verschiedenen Rebellionen auf dem Lande – die Große Revolution aus. Aufgrund der herrschenden Finanznot hatte Ludwig XVI. im Februar 1789 zum ersten Mal seit 1614 das französische Parlament, die sogenannten Generalstände, einberufen. Da die Vertreter des Bürgertums in dieser ständisch gegliederten Versammlung benachteiligt waren, erklärten sie sich, unterstützt vom Grafen Mirabeau (1749–1791) und in ihrem Selbstbewußtsein gestärkt durch den Abbé Sieyès (1748–1836) und dessen Flugschrift „Was ist der dritte Stand?“ (*Qu'est ce que le tiers état?*), zur alleinberechtigten Nationalversammlung; den Befehl des Königs, auseinanderzugehen, mißachteten sie. Dies war ein erster revolutionärer Akt. Wenig später, während die Nationalversammlung in Versailles tagte und über eine Verfassung beriet, kam es in Paris zu einem Volksaufstand und am 14. Juli 1789 zum Sturm auf die Bastille; viele Bauern schlossen sich dem Aufruhr an und begannen den Adel zu vertreiben. Im Oktober zog dann eine große Volksmenge unter Führung der Pariser Marktfrauen nach Versailles und brachte die Königsfamilie als Gefangene nach Paris. Auch die Nationalversammlung kam nun nach Paris und geriet so unter den Druck der Straße. Immerhin können die Gemäßigten unter ihnen 1791 eine erste Verfassung durchbringen, in der sich die Interessen des wohlhabenden Bürgertums niederschlagen. Da der König versucht, aus dem Land zu fliehen, wird er in Haft genommen. Damit ist Frankreich de facto eine Republik geworden.

Zugleich beginnt nun die zweite, radikale Phase der Revolution, der blutige Terror. Da sich eine preußisch-österreichische Armee Paris nähert, um dem bedrängten König zu Hilfe zu kommen, dringt der erregte Pöbel in die Gefängnisse, wo sich viele Adlige und Geistliche befinden, die den Eid auf die neue Verfassung verweigert haben; sie werden in den Septembermorden von 1792 niedergemetzelt. Im Nationalkonvent kämpfen die gemäßigten Girondisten vergeblich gegen die Scharfmacher der Jakobiner, die von Georges Jacques Danton (1759–1794) und Maximilien François Marie Isidore de

Robespierre (1758–1794) angeführt werden. Der König, der jetzt „Bürger Capet" genannt wird, wird wegen Landesverrats angeklagt, zum Tode verurteilt und im Januar 1793 hingerichtet, später auch seine als Ausländerin verhaßte österreichische Gemahlin Marie Antoinette (1755–1793). Anschließend werden auch viele Girondisten verfolgt und hingerichtet, und zum Schluß läßt Robespierre auch noch seinen Konkurrenten Danton ermorden, der für ein Ende des Blutvergießens plädiert hatte. Frankreich wird jetzt von einem Wohlfahrtsausschuß mit Robespierre an der Spitze regiert. Dieser ist vor allem damit beschäftigt, die Aufstände im eigenen Land durch Revolutionsgarden blutig unterdrücken zu lassen; er möchte ein völlig neues Frankreich schaffen, indem er u.a. einen „Revolutionskalender" einführt, das Land in neue Verwaltungsbezirke einteilt und eine Staatsreligion zur Verehrung des „Höchsten Wesens" beschließen läßt. Offensichtlich ist er davon überzeugt, durch Liquidation aller seiner Gegner ein Reich der Tugend schaffen zu können. Aber am 27. Juli 1794 kommt es im Wohlfahrtsausschuß zum Aufstand, weil inzwischen jedermann um sein Leben fürchten muß; am nächsten Tag wird Robespierre nach einem vergeblichen Selbstmordversuch hingerichtet. An die Stelle des jakobinischen Wohlfahrtsausschusses tritt ein gemäßigtes Direktorium, das versucht, die Finanzen zu sanieren, und ein Heer gegen Preußen und Österreich aufbaut, weil beide Länder, 1792 durch die berühmte Kanonade von Valmy zur Umkehr gezwungen, erneut versuchen, die neue Republik in einem Zweiten Koalitionskrieg zu unterwerfen. 1799 wird der mächtige General Napoléon Bonaparte (1769–1821) das Direktorium stürzen und zunächst als Erster Konsul, später als Kaiser der Franzosen die Macht in Frankreich an sich reißen.

Als die Französische Revolution ausbrach, waren fast alle bedeutenden Protagonisten der Aufklärung tot; eine unmittelbare Verwicklung der *philosophes* in das politische Geschehen hat es daher nicht gegeben. Die meisten der noch lebenden Enzyklopädisten stellten sich sogar gegen die Revolution. Einer der wenigen, die sich aktiv beteiligten, war der Marquis de Condorcet (1743–1794). Er hatte sich schon früh der Pariser Aufklärung angeschlossen, war durch mathematische und wissenschaftliche Studien bekannt geworden und in der Revolution als Vertreter der gemäßigten Girondisten Abgeordneter in der Gesetzgebenden Versammlung, zeitweise sogar deren Präsident. Nach dem Sturz der Girondisten durch die radikalen Jakobiner wurde er angeklagt, konnte aber fliehen und im Versteck sein Werk *Esquisse d'un tableau historique des progrès de l'esprit humain* zu Ende schreiben. In dieser wortreichen Lobrede auf die Fortschritte der Philosophie, der Wissenschaften und der Künste gelangt die französische Aufklärung zu einer gewissen Selbstreflexion; dabei erscheint die Zeit von Descartes, der auf diese Weise rehabilitiert und glorifiziert wird, bis zur Französischen Revolution, die als Anfang der wahren gesellschaftlichen Freiheit gepriesen wird, als letzte geschichtliche Epoche. Die neue „analytische" Philosophie, von Condorcet noch mit den übrigen Wissenschaften mehr oder weniger zusammengeworfen, wird weitere Fortschritte machen und die Vervollkommnung des Menschen organisieren.

4. Les Lumières – Deutung und Selbstdeutung

Die Stichworte „Kritik" und „Revolution" heben zwei auffällige Aspekte des Zeitalters der Aufklärung in Frankreich hervor, und sie erfassen mehr Formen und Phänomene als die Schlagworte „Atheismus" und „Materialismus". Die Publizistik der *philosophes* ist aggressiv, verbalradikal; die Kritik des Staates und der Kirche ist nirgends so polemisch wie in Frankreich. Und nur in Frankreich hat eine so totale Umwälzung der gesellschaftlichen Zustände stattgefunden wie mit der Revolution von 1789. Die Große Revolution ist die politische Revolution schlechthin, und sie gehört zumindest als deren Schlußpunkt zur französischen Aufklärung. Aber natürlich darf man nicht nachträglich die ganze französische Aufklärung von den Phänomenen *Kritik* und *Revolution* her sehen. Denn die Begriffe „Kritik" und „Revolution" haben auch in Frankreich im 18. Jahrhundert bis zuletzt so gut wie keine Rolle gespielt. *Kritik* bedeutet auch in der französischen Aufklärung vor allem philologische und historische Kritik sowie ästhetische Beurteilung. *Revolution* bedeutet bis 1789 auch in der Aufklärung vor allem die Umdrehung der Gestirne, allerdings diffus auch schon politische Umwälzung; erst durch die Revolution selbst bildet sich der moderne Sprachgebrauch und damit die Unterscheidung zwischen *Revolution* und *Reform* heraus.

Die Deutung der französischen Aufklärung wird wesentlich durch die Deutung ihrer Beziehung zur ihrerseits vieldeutigen Französischen Revolution bestimmt, bei deren Beurteilung der eigene politische Standpunkt natürlich eine große Rolle spielt. Waren die Revolutionäre oder doch einige ihrer wichtigsten Anführer nichts anderes als konsequente, nämlich praktizierende Aufklärer oder zumindest Vertreter einer bestimmten Art von Aufklärung? War die Aufklärung bewußt oder unbewußt Revolutionsvorbereitung? Schon die zeitgenössischen Gegner der Aufklärung und Feinde der Revolution behaupteten einen klar erkennbaren Ursache-Wirkung-Zusammenhang; die Revolution sei eine notwendige Folge der Aufklärung, vielleicht sogar von deren Protagonisten angestiftet. Andere hingegen, die zwar für die Aufklärung, aber gegen die Revolution (insbesondere in ihrem letzten Stadium) waren, versuchten, die Rolle der Aufklärung in der Revolution eher zu minimieren; die Aufklärung sei eine wesentlich geistige Bewegung gewesen, die Revolution hingegen, jedenfalls die soziale Revolution, ein Werk des Pariser Pöbels. Doch ist auch klar, daß sich die jeweiligen Führungsspitzen der Revolution der Ideen der Aufklärung wie auch der Ideen des Aufklärungskritikers Rousseau bedienten und einige dieser Ideen als griffige Parolen ausformulierten („Freiheit, Gleichheit, Brüderlichkeit"; „Rechte des Menschen und des Bürgers"). Auch wenn die Masse der Revolutionäre wahrscheinlich kaum viel von den Theorien der *philosophes* wußte, so hat deren allgegenwärtige kritische Denkweise sicher geholfen, den Boden für die große Umwälzung zu bereiten. Allerdings zeigt sich an der Französischen Revolution auch, wie leicht eine theoretisch-kritische Erörterung in praktisch-dogmatisches Handeln umschlagen kann und daß sich sogar Aufklärung (wenn sie als eine mehr oder weniger geschlossene Theorie betrachtet wird) für eine antiaufklärerische Gewaltpolitik instrumentalisieren läßt.

Im übrigen darf die Deutung der französischen Aufklärung nicht allein von der Deutung ihrer Beziehung zu der ihrerseits vieldeutigen Französischen Revolution abhängig gemacht werden. Zur Deutung der französischen Aufklärung muß auch das Selbstverständnis ihrer Vertreter herangezogen werden, und dazu gehört nicht zuletzt der französische Begriff von Aufklärung, soweit man von einem solchen überhaupt sprechen kann. Im Französischen gibt es nämlich kein Wort für *Aufklärung*, auch nicht für *Aufklärer*. Wohl gibt es das Wort *éclairer* (*aufklären*) und davon auch das Partizip *éclairé* (*aufgeklärt*). Außerdem existiert der Ausdruck *les lumières* (*die Lichter*), der im übertragenen Sinne soviel wie *Erkenntnisse* oder *Einsichten* bedeutet; von ihm ausgehend heißt das Zeitalter der Aufklärung in Frankreich *le siècle des Lumières*, also das Jahrhundert der Lichter oder Erkenntnisse. Beide Grundbegriffe *éclairer* und *lumière* spielen im 18. Jahrhundert eine große Rolle in der Selbstdeutung der französischen „Aufklärung". Schon in der zweiten Hälfte des 17. Jahrhunderts verstärkt sich, vielleicht unter dem Einfluß von Descartes' Parole „klare und deutliche Erkenntnis", auch der profane Gebrauch der Lichtmetapher. Umso erstaunlicher ist das Fehlen eines Wortes für Aufklärung und damit eines programmatischen Begriffs. Vermutlich fühlten sich die *philosophes* trotz ihres Gruppenbewußtseins weniger einer gezielten allgemeinen Aktion (Volksaufklärung) verpflichtet als die deutschen Aufklärer.

IV. Deutschland: Metaphysik und Reform

1. Aufklärung und Absolutismus

Wie in England und Frankreich, so war auch in Deutschland die Ausgangssituation der Aufklärung das Ergebnis einer langen Vorgeschichte. Schon der Name *Deutschland* ist eine geographisch, politisch und kulturell ziemlich unscharfe, eigentlich anachronistische Bezeichnung. Deutsch ist im engeren Sinne das Gebiet, das in etwa dem heutigen Deutschland entspricht; im weiteren Sinne aber auch das Deutsche Reich des 18. Jahrhunderts, also auch das ehemalige Ostdeutschland und Österreich umfassend; im weitesten Sinne, nämlich mit Bezug auf die Kultur, der ganze deutsche Sprachraum. Deutschland hatte im Mittelalter die Kaiser des Heiligen Römischen Reiches Deutscher Nation gestellt und sich, nicht zuletzt aufgrund der mit diesem Kaisertum verknüpften Probleme, nicht zu einem zentral gelenkten, nationalen Großstaat entwickeln können; es blieb ein in über 300 Fürstentümer, freie Reichsstädte usw. zersplittertes politisches Gebilde mit widerstreitenden Interessen. Dieser politische Territorialismus wurde seit der Reformation durch die Kirchenspaltung verschärft, die als Konfessionalismus das 17. Jahrhundert bestimmte. Während sich in England in und nach den Religionskriegen der Protestantismus politisch durchgesetzt hatte und während in Frankreich der Katholizismus in Verbindung mit der Monarchie alle Abweichler unterdrücken konnte, blieb es in Deutschland bei einem unentschiedenen Kampf der Konfessionen oder der drei „Religionen", wie man noch bis ins 18. Jahrhundert sagte, nämlich der Lutheraner, der Calvinisten und der Katholiken. Diese religiös-politische Situation wurde durch den Westfälischen Frieden von 1648 im wesentlichen festgeschrieben. Der religiöse und politische Partikularismus in Deutschland mitsamt dem daraus resultierenden Kulturpartikularismus blieb nicht nur als Ausgangssituation, sondern auch als allgegenwärtiger Hintergrund während des ganzen 18. Jahrhunderts für die geistige Entwicklung in Deutschland bestimmend.

Wie in England und Frankreich die Ausbildung zentral regierter Nationalstaaten im 17. Jahrhundert zu absolutistischen Tendenzen unterschiedlicher Art führte, so auch die Kleinstaaterei Deutschlands. Aber während der Absolutismus in England letztlich keine Chance hatte und 1688 prinzipiell überwunden wurde, gewann er in Deutschland und Frankreich noch weiter an Macht und hielt sich hier wie dort bis zum Ende des 18. Jahrhunderts, allerdings mit dem Unterschied, daß der Absolutismus in Frankreich der einer *Grande Nation* war, in Deutschland hingegen der vieler kleiner Gebietsfürsten mit einem stark patriarchalischen Staatsverständnis. Nur in Brandenburg-Preußen konnte sich der Absolutismus großformatiger entwickeln, weil er sich hier mit einer konsequenten Macht- und Ausdehnungspolitik verband, die alsbald zu einer alles bestimmenden Bürokratisierung und Militarisierung des Landes führte, die den Charakter Preußens und sogar Deutschlands auf Jahrhunderte prägen sollte; ein erster Höhepunkt dieser Politik war der Erwerb der Königskrone (1701).

Der bedeutendste Sproß der regierenden Hohenzollern-Dynastie, Friedrich II. (1740–1786), schon von seinen Zeitgenossen Friedrich der Große oder Friedrich der Einzige genannt, hatte schon als Kronprinz ungewöhnliche poetische und musikalische Interessen sowie eine Vorliebe für die französische Aufklärungsphilosophie seiner Zeit, insbesondere für Voltaire entwickelt; manche Aufklärer wollten daher in ihm einen zukünftigen Philosophenkönig („Salomo des Nordens") sehen. Aber als er an die Macht kam, stürzte er sich sofort in einen Krieg gegen die Königin von Österreich, Maria Theresia (1740–1780), deren Wahl zur Kaiserin er zu verhindern suchte. In den Schlesischen Kriegen gelang es ihm, Schlesien, das zu Österreich gehörte, für Preußen zu erobern. Danach widmete er sich wieder seinen geistigen Interessen, baute sich in Potsdam das Rokokoschloß Sanssouci und erholte sich dort bei seiner berühmten Tafelrunde, zu der er vor allem französische Aufklärer wie Voltaire und La Mettrie einlud. Aber da Maria Theresia Preußen diplomatisch einzukreisen begann, eröffnete Friedrich jetzt einen Präventivkrieg, den Siebenjährigen Krieg (1756–1763), den beide Parteien bis zur Erschöpfung, aber ohne Gewinn führten. Danach konnte sich der „Alte Fritz“, zumal sich das Verhältnis zu Österreich nach dem Regierungsantritt Josephs II. (1765–1790), der den Preußenkönig als Vorbild bewunderte, entspannte, der Reorganisation und Modernisierung seines Staates widmen. Aber seine Neigung zur Menschenverachtung hatte seinen ursprünglichen Idealismus aufgezehrt. Der aufgeklärte Monarch, der ursprünglich die Philosophie der Aufklärung in politische Praxis umsetzen und alle Menschen aufklären wollte, glaubte nun, das Volk verdiene es nicht, aufgeklärt zu werden.

Der zwischen Aufklärung und Absolutismus zerrissene Preußenkönig hat wie kein anderer das 18. Jahrhundert in Deutschland, „das Jahrhundert Friedrichs“, bestimmt. An seiner zwiespältigen Person schieden sich schon bald die Geister – nicht nur als katholischer und protestantischer Block, sondern auch innerhalb der protestantischen Staaten. Friedrich hat Preußen zu einem neuen Zentrum der Aufklärung gemacht, aber die von ihm favorisierte französische Aufklärung, die am Potsdamer Hof und in der Berliner Akademie herrschte, geriet in immer größeren Gegensatz zu der deutschen Aufklärungsgesellschaft von Berlin, die, aus Beamten, Lehrern, Pfarrern sowie freien Schriftstellern bestehend, in der deutschen Aufklärungsphilosophie geschult war. So oder so blieb Preußen jedoch nach dem Selbstverständnis seiner Intelligenz, der „aufgeklärten Bürokratie“, ein Staat der Aufklärung. Mit dem Tode Friedrichs beginnt allerdings auch das schnelle Ende der Aufklärung in Preußen; während das Preußische Allgemeine Landrecht (1794) noch im wesentlichen ein Produkt der Aufklärung ist, bedeuten die Religionsedikte von 1788/89 schon den Versuch, den modernen Geist per Gesetz einzudämmen. Mit dem Ausbruch der Kriege in der Folge der Französischen Revolution kommt dann das militärische Ende des alten Preußens.

Während nicht zuletzt aus politischen Gründen die Gegensätze zwischen den katholischen und protestantischen Ländern im Reich erhalten bleiben, verlieren die religiösen Fronten innerhalb des Protestantismus allmählich an Bedeutung. Dennoch bleibt es ein wichtiges Kennzeichen der deutschen Aufklärung, daß in ihr die Probleme der Religion noch lange eine große Rolle spielten. Zwar war die religiöse Frage, was ihre politischen Aspekte betraf, 1648 im Prinzip geregelt worden; insofern hatte sich in Deutschland die Lage sogar eher entspannt als in England und Frankreich, nämlich durch einen Sieg der Laienvernunft über die religiösen Eiferer – ein Kompromiß auf der Basis der politischen und religiösen Spaltung. Jedenfalls bot der konfessionelle Territorialismus bei individuellen Gewissensproblemen immer auch Möglichkeiten, in andere Territorien auszuweichen. Außerdem gab es Territorien mit mehreren Konfessionen, gelegentlich auch aufsehenerregende Mischehen bzw. Konversionen auf Fürstenebene, vor allem aus politischen Gründen, sowie verschiedene Versuche, durch Unions- und Reunionsverhandlungen über die religiöse Spaltung hinwegzukommen, aber auch durch Frömmigkeit wie im Pietismus oder durch Moral wie vor allem in der Frühaufklärung. So oder so schien es zunächst keinen Grund zu geben, der eine radikale Religionskritik provoziert hätte, wohl aber genug Gründe, das Thema mit großer Vorsicht zu behandeln. Die deutschen Aufklärer bekennen sich im allgemeinen zu einem „vernünftigen" Christentum, und auf dieser Basis konnten sich auch viele Theologen als Aufklärer engagieren.

Die für die Aufklärungsbewegung wichtigen Entwicklungen der Religion und der Theologie fanden zunächst im Protestantismus statt. Schon im letzten Drittel des 17. Jahrhunderts kam es als Reaktion auf die Verhärtung und Veräußerlichung des Glaubensproblems in der lutherischen Orthodoxie zur pietistischen Bewegung, die ähnlich wie die fast gleichzeitig beginnende Aufklärung, mit der sich die neue Frömmigkeit daher zunächst verbinden konnte, auf die Innerlichkeit der Glaubenserfahrung und die praktische Ausübung des Glaubens drängte. Ihr Begründer war Philipp Jakob Spener (1635–1705), der seine Anhänger zum Lesen der Bibel versammelte

(„Collegia pietatis“) und 1675 eine Schrift mit dem Titel *Pia desideria* veröffentlichte. Der bedeutendste unter seinen Anhängern, die nun als „Pietisten“ verspottet wurden, war August Hermann Francke (1663–1727), der als Theologe nach Halle berufen wurde und dort u.a. das berühmte Waisenhaus gründete. Er entwickelte den Pietismus einerseits zu einer Bekehrungstheologie, andererseits zu einem praktischen Wirken in der Welt. Später wurde der Pietismus u. a. durch Nikolaus Ludwig Graf von Zinzendorf (1700–1760) zu einem religiösen Mystizismus und durch Johann Albrecht Bengel (1687–1752) zu einer apokalyptischen Geschichtstheologie weiterentwickelt.

Während der Pietismus, nachdem er sich theoretisch und praktisch etabliert hatte, die Aufklärung scharf zu bekämpfen begann, konnte die aufklärerische Philosophie die Theologie allmählich und eher unspektakulär beeinflussen und gleichsam unterwandern. Zunächst waren sich Theologen und Philosophen (jedenfalls verbal) darin einig, daß Vernunft und Offenbarung einander nicht grundsätzlich widersprächen. Zeitweise wurde es (in der sogenannten Physikotheologie) sogar Mode, die naturwissenschaftliche Beschreibung und Erklärung der Welt als Gottesbeweis darzustellen. Doch entwikkelte sich im Rahmen der vorausgesetzten Harmonie von Vernunft und Offenbarung die Vernunft mehr und mehr zum maßgeblichen Kriterium im Falle von Konflikten. Um die Mitte des 18. Jahrhunderts entstand dann in der Theologie als breite Strömung die Neologie, die von der persönlichen Gläubigkeit und der Möglichkeit einer vernunftgemäßen Erklärung der Bibel ausging. Allerdings begann auch fast zur gleichen Zeit eine Radikalisierung der Bibelkritik. Sie führte in der zweiten Hälfte des 18. Jahrhunderts, nicht zuletzt unter dem Einfluß des englischen Deismus, zum sogenannten Rationalismus, der z.B. alle Wunder leugnete. Im Katholizismus, der sich aus diesen Diskussionen weitgehend heraushielt, entstand erst gegen Ende des 18. Jahrhunderts eine aufklärerische antipapistische Reformbewegung (Febronianismus).

Die kulturelle Lage in Deutschland entsprach in ihren institutionellen und materiellen Grundlagen der politischen und religiösen Situation. Deutschland war keine religiös-politische, auch keine wirtschaftliche Einheit, sondern bestenfalls eine kulturelle Einheit; folglich gab es keine Hauptstadt, kein politisches und geistiges Zentrum. Der Kulturraum Deutschland hatte zwar eine gemeinsame Sprache, aber ihr fehlte der Schliff einer großen gemeinsamen Kultur wie auch die Förderung durch eine nationale Akademie. Im übrigen blieb Deutsch, bis weit ins 18. Jahrhundert, an den Universitäten im Schatten des Lateinischen und an den Höfen im Schatten des Französischen. Denn da die einzelnen Fürstentümer zwecks Sicherung ihrer Politik Universitäten als Ausbildungsstätten für ihre Beamten brauchten und da die Universitäten nach Konfessionen unterschieden waren, entwickelte sich Deutschland zu einem Land der Universitäten (um 1700 ca. 40), und diese Gelehrtenkultur blieb von der französisch geprägten Hofkultur deutlich unterschieden. Außerdem blieb das Bürgertum, aus dem die Professoren kamen, inhomogen und zersplittert; es war politisch machtlos und kam auch als Auftraggeber für Kunst und Kultur zunächst kaum in Betracht. Dennoch entstand im Laufe des 18. Jahrhunderts, nicht zuletzt unter dem Einfluß der Aufklärung, über alle politischen und religiösen Grenzen hinweg, allmählich ein zusammenhängender deutscher Kulturraum, dem auch Österreich und die deutschsprachige Schweiz mehr oder weniger zuzurechnen sind. Genauer gesagt, waren es zwei Kulturräume, ein katholischer und ein protestantischer, oder ein Kulturraum mit zwei Schwerpunkten.

Das 18. Jahrhundert war eine der reichsten und vielgestaltigsten Kulturepochen Deutschlands, aber natürlich verlief die Entwicklung der Kultur in ihren verschiedenen Bereichen, in Kunst und Wissenschaft, sehr unterschiedlich. Naturwissenschaft und Technik spielten trotz ihrer Förderung durch lokale Akademien eine vergleichsweise geringe Rolle. Auch ein Mann wie Georg Christoph Lichtenberg (1742–1799), der als Naturwissenschaftler nebenbei in geistreichen Aphorismen philosophierte, blieb in Deutschland eine Ausnahme; nur in der Mathematik, wo Leonhard Euler (1707–1783) die Forschung beherrschte, war die deutsche Wissenschaftskultur auf der Höhe der Zeit. Der Bezug der Künste zur Aufklärung ist, wie auch in England und Frankreich, eher schwach; die Kunst geht ihre eigenen Wege, deren Ursprünge meist schon vor der Aufklärung liegen. Die bildenden Künste z.B. verbleiben als Repräsentationskunst im Dienste der Reformation und des Absolutismus. Daniel Nikolaus Chodowiecki (1726–1801) ist der einzige bedeutende Maler bzw. Zeichner, den man aufgrund seiner ironischen, stark literarisierten Zeichenkunst in irgendeinem engeren Sinne zur Aufklärung, nämlich zur preußischen Aufklärungskultur, zählen kann. Teilweise scheint die Kunst sich sogar gegenläufig zur Aufklärung zu verhalten, die bis heute lebendige Musik der Zeit – in den protestantischen Ländern mit Georg Friedrich Händel (1685–1759) und Johann Sebastian Bach (1685–1750), in den katholischen Ländern mit Joseph Haydn (1732–1809) und Wolfgang Amadeus Mozart (1756–1791) – scheint geradezu eine emotionale Ergänzung der Aufklärung darzustellen. Doch können die starken und produktiven Neigungen zur Musik wie zur Philosophie auch als zusammengehöriger Ausdruck einer Kultur der Innerlichkeit betrachtet werden (im Unterschied zur französischen und englischen Geselligkeitskultur). Die Aufklärung selbst ist jedenfalls primär eine Vernunftkultur, die vor allem in der Philosophie und Literatur zum Ausdruck kommt.

2. Philosophie der Schule und Philosophie für die Welt

Die Philosophie in Deutschland wurde im wesentlichen durch zwei Faktoren bestimmt: das weitgehend positive Verhältnis zur christlichen Religion und zum absolutistischen Staat einerseits sowie die institutionelle Bindung an die Universitäten andererseits. Während das positive Verhältnis zur Religion und zum Staat den Inhalt der Philosophie mitbestimmte, wirkte sich der zweite Faktor vor allem hinsichtlich ihrer Form aus. Zusammen bildeten sie wesentliche Bedingungen für die Entfaltung und Funktion der Philosophie in Deutschland, aber auch für die Gestalt des Philosophen selber. Als mehr oder weniger frommer und im Grunde staatstreuer Beamter war der Philosoph in Deutschland eine grundsätzlich andere Figur als etwa der *gentleman philosopher* in England oder der *philosophe* in Frankreich; in der Regel war er Universitätsprofessor und zu kritischer Kooperation mit Staat und Kirche bereit. Der Philosoph als freier Schriftsteller konnte in Deutschland schon aufgrund der sozialen Bedingungen nur eine Ausnahme sein.

Als Universitätsphilosophie war die Philosophie in Deutschland zunächst Fachphilosophie, Schulphilosophie im guten wie im schlechten Sinne. Dies bedeutete, daß die Philosophen hauptsächlich Studenten unterrichteten und Bücher für Studenten sowie für oder gegen Kollegen schrieben. Deutsche philosophische Bücher tendieren daher im allgemeinen zu angestrengter Gründlichkeit, zu einem methodischen und systematischen Aufbau und dadurch nolens volens zur Pedanterie. Hinzu kommt, daß die Philosophie institutionell an der Universität immer noch eine untergeordnete Stellung innehatte. Sie bildete (seit dem Mittelalter, als sie noch die Magd der Theologie war) gegenüber den oberen Fakultäten (Theologie, Jurisprudenz, Medizin) nur die untere Fakultät, die dem Grundstudium diente und außer der Philosophie im engeren Sinne die sieben freien Künste beinhaltete, also eine Ansammlung von Wissenschaften und Künsten, nämlich Sprachen und Mathematik sowie das, was heute Geistes- und Naturwissenschaften heißt. Die Aufklärungsphilosophie in Deutschland hat allerdings schon früh versucht, ihre Position an der Universität aufzuwerten und sich zur eigentlich höchsten Fakultät zu erklären, aber auch, den institutionellen akademischen Raum zu verlassen bzw. zu sprengen. Dem Anspruch der Aufklärung auf Weltveränderung durch Wissensausbreitung entsprach es, Philosophie als Philosophie für alle, zumindest für Gebildete, zu verstehen. In diesem Zusammenhang ist es nicht unwichtig, daß die Philosophie im 18. Jahrhundert in Deutschland *Weltweisheit* genannt wurde. Ursprünglich ein religiös motivierter Spott- und Schimpfname, wurde der Ausdruck in der zweiten Hälfte des 17. Jahrhunderts zum verbreiteten Ehrennamen. Philosophie war Weltweisheit im Gegensatz zur Gottesgelehrtheit (Theologie), und sie hieß Weltweisheit nicht, weil sie primär von der Welt handelte, sondern, weil sie betont weltlich war, d.h. sich nur der profanen Vernunft (nicht etwa der Bibel, also der Offenbarung) bediente, und weil sie Philosophie für die Welt sein wollte, d.h. praktische oder vielmehr praktikable („nützliche") Philosophie für Leute von Welt. In diesem Sinne unterschied die deutsche Aufklärung schon sehr früh zwischen Schul- und Weltgelehrtheit, zwischen Philosophie der Schule und Philosophie der Welt bzw. Philosophie für die Welt. Seit der Mitte des Jahrhunderts wurde dann der Ausdruck *Popularphilosophie* gebräuchlich, doch blieb die Popularphilosophie weitgehend nur popularisierte Universitätsphilosophie, sozusagen akademische Weltweisheit.

Man kann die Aufklärungsphilosophie in Deutschland mit Gottfried Wilhelm Leibniz (1646–1716) beginnen lassen. Aber Leibniz gehört, trotz vieler moderner Züge, im wesentlichen noch in die Metaphysikgeschichte des 17. Jahrhunderts. Zwar ist er einer der ersten, der in Deutschland des öfteren von *aufklären* und *aufgeklärt* spricht (genauer gesagt von *éclairer* und *éclairé*), wenn auch noch relativ unbestimmt und gelegentlich sogar im geistlichen Sinne von *erleuchten* und *erleuchtet*. Zwar hat er sich um mancherlei Reformen bemüht, von der Bergwerkssanierung bis zu Akademiegründungen, und gehört insofern auch in die Modernisierungsbewegung der frühen Neuzeit. Dennoch ist Leibniz' philosophisches Denken nicht anthropologisch orientiert, sondern wesentlich kosmologisch und theologisch auf die Struktur der Wirklichkeit im Ganzen gerichtet. Dabei ist für ihn, trotz aller Betonung des Werdens der Wirklichkeit, der Begriff der ewigen Harmonie zentral. Die Harmonie garantiert als „prästabilierte Harmonie" die Übereinstimmung der letzten substantiellen Einheiten (Monaden), aus denen die Wirklichkeit besteht, insbesondere die Übereinstimmung der seelischen Vorgänge und der körperlichen Phänomene (*Monadologie*). Und sie garantiert als „universale Harmonie", daß diese Welt die bestmögliche ist, in der das vorhandene Übel nur der höheren Vollkommenheit des Guten dient (*Theodizee*). Entsprechend strebt Leibniz auch auf religiösem und politischem Gebiet nach Ausgleich und Versöhnung, er fühlt sich keiner kritischen Aufklärungsbewegung verbunden; vielmehr hat er fast alle ihm bekannt gewordenen Aufklärer auf der Basis traditioneller Positionen kritisiert.

Aufklärung in irgendeinem engeren Sinne des Wortes beginnt in Deutschland erst mit Christian Thomasius (1655–1728), wie Leibniz Sohn eines Leipziger Professors. Als Jurist und Philosoph beschäftigte er sich vor allem mit der Naturrechtslehre, also der Lehre, daß es übergesetzliche, von Natur aus gültige Normen, folglich auch natürliche Rechte und Pflichten gebe; so wurde der Schnittpunkt zwischen Philosophie und Jurisprudenz in Deutschland zum konkreten Ausgangspunkt der Aufklärung. Sein erstes aus Vorlesungen entstandenes Werk trug noch den altertümlichen Titel *Institutiones jurisprudentiae divinae* (1687/88), weil Gott darin als Urheber nicht nur des Naturrechts, sondern auch eines sogenannten positiven göttlichen Rechts fungiert, das allerdings z.T. nur partikulare Bedeutung habe (z.B. für die Juden). Nur wenig später veröffentlichte Thomasius dann auch eine Logik (*Philosophia aulica* 1688), die er als ersten Teil einer neuen praktikablen Philosophie für Leute von Welt, nämlich für Hofleute, konzipiert hatte. Faktisch gingen seine Intentionen jedoch schon über eine modernisierte lateinische Schulgelehrtheit hinaus. Schon 1687 hatte er eine deutschsprachige Vorlesungsankündigung zu einer deutschsprachigen Vorlesung (*Discours von der Nachahmung der Franzosen*) veröffentlicht, in der er die Möglichkeit einer Erneuerung der deutschen Kultur avisierte. Damit hatte er den lateinsprachigen Wissenschaftsbetrieb als solchen provoziert und ließ sich auch nicht durch die heftigen Angriffe seiner konservativen Gegner beirren; vielmehr konterte er seinerseits mit einem scharfzüngigen Gegenangriff, nämlich durch die Veröffentlichung einer deutschsprachigen Monatszeitschrift (*Monatsgespräche* 1688–1690), die erste ihrer Art in Deutschland.

Die Streitigkeiten mit der konservativen Professorenschaft der Leipziger Universität führten zu Thomasius' Flucht nach Halle, also von Sachsen nach Preußen, wo er die *Freiheit jetziger Zeiten* (1691) feierte; hier wurde er zum Mitbegründer der ersten deutschen Aufklärungsuniversität. Gleichzeitig veröffentlichte er in der Absicht, die Welt durch kritische Information moralisch zu verbessern, eine *Vernunftlehre* (1690/1691) und eine *Sittenlehre* (1692/1696) in je zwei Bänden. Thomasius begann nun mit Eifer die Vorurteile anzuprangern und für eine „Ausbesserung des Verstandes" und „Ausbesserung des Willens" in allen Ständen zu kämpfen: Auch Frauen sollten dieser neuen Bildung teilhaftig werden. In seiner *Vernunftlehre* entwickelte er eine fast die ganze deutsche Aufklärung bestimmende Vorurteilstheorie und in seiner *Sittenlehre* die Theorie einer vernünftigen Liebe, die als höchste Tugend neben die christliche Nächstenliebe tritt, sowie eine Lehre von den Hauptaffekten (Wollust, Ehrgeiz, Geldgeiz), die als Theorie der unvernünftigen Liebe ebenfalls eine große Rolle in der deutschen Aufklärung spielen sollte. Gleichzeitig begann er als erster, aufgrund der Unterscheidung von Liebe und Gerechtigkeit, eine systematische Unterscheidung von erzwingbarem Recht und unerzwingbarer Moral durchzuführen. Daraus entwickelte er dann in seinem zweiten großen Entwurf einer Naturrechtslehre (*Jus naturae et gentium* 1705) die Lehre von der Existenz dreier unterschiedlicher Normen (Normen der Gerechtigkeit, der Ehrbarkeit und des Anstandes). Indem er so vor allem zwischen Recht (*justum*) und Moral (*honestum*) unterschied, reduzierte er einerseits den Staat tendenziell auf einen bloßen Rechtsstaat, andererseits konnte er auf dieser Basis die Idee einer arbeitsteiligen Kooperation von Fürst und Lehrer im Sinne eines aufgeklärten Absolutismus entwickeln. Der Fürst sorgt für den äußeren Frieden in der Gesellschaft, indem er das Recht mit Zwang durchsetzt; der Lehrer sorgt für den inneren Frieden im Menschen, indem er auf Einhaltung der unerzwingbaren Moralgebote drängt. Thomasius' Hoffnung auf eine echte Besserung der Menschheit war allerdings in dieser Zeit längst einem tiefen Fortschrittspessimismus gewichen.

In seiner Jugend hatte Thomasius vor allem die rechtgläubigen Lutheraner bekämpft; aus dieser Perspektive hatte er auch den jungen Pietisten August Hermann Francke juristisch unterstützt und an die Universität Halle geholt. Allmählich begann er jedoch einen neuen Gesinnungsterror seitens der Pietisten zu fürchten, und als Francke immer größere weltliche Macht erlangte, kam es zum Bruch zwischen beiden und damit zum Bruch der ursprünglichen Allianz von Aufklärung und Pietismus. Thomasius, der immer für Denkfreiheit eingetreten war, wollte sich seinen „philosophischen Glauben“ von niemandem nehmen lassen; außerdem verabscheute er jeglichen theologischen Dogmatismus als Wahrheitsanmaßung. Daher blieb er auch, trotz eines eigenen reichlich mystizistischen Versuches (*Vom Wesen des Geistes* 1699) infolge einer religiös-moralischen Krise, metaphysikkritisch und widmete sich im Alter vor allem der praktischen Reformaufklärung wie der Bekämpfung der Hexenprozesse.

In der Endphase von Thomasius' Wirken kam in Halle mit Christian Wolff (1679–1754) eine ganz andere Philosophie auf und setzte sich alsbald in ganz Deutschland durch. Wolff, Sohn eines Handwerkers aus Breslau, kam 1707 als junger Mathematiker nach Halle, begann aber alsbald auch Vorlesungen über Logik zu halten, und zwar (in Anpassung an den von Thomasius inzwischen etablierten Brauch) in deutscher Sprache. Daraus entstand die 1713 veröffentlichte *Deutsche Logik*, die ein großer Erfolg wurde. Wolff schrieb daraufhin in schneller Folge seine *Deutsche Metaphysik* (1719), seine *Deutsche Ethik* (1720) und seine *Deutsche Politik* (1721) sowie eine Reihe naturwissenschaftlicher Werke. Alle Werke begannen mit den Worten „Vernünftige Gedanken von ....“ und demonstrierten schon dadurch die von ihm geforderte neue Rationalität. Ihre methodische Ordnung und ihre klare Sprache, die zur wichtigsten Grundlage der philosophischen Terminologie in Deutschland wurde, erwiesen sich als vorbildlich und machten ihren Verfasser schnell berühmt. Aber als Wolff 1721 in einem Vortrag über die Moral der Chinesen behauptete, daß auch Heiden tugendhaft sein könnten, wurde er von den Pietisten heftig angegriffen und beim König als Leugner der Willensfreiheit verleumdet. 1723 mußte er Halle „bei Strafe des Stranges“ verlassen und ging nach Marburg; er galt nun als großer Märtyrer der Aufklärung, der Sieg der Pietisten erwies sich als Pyrrhussieg. In Marburg begann Wolff, der gerne Lehrer des ganzen Menschengeschlechtes („praeceptor generis humani“) sein wollte, dies aber in deutscher Sprache schwerlich werden konnte, sein System noch einmal in lateinischer Sprache zu entwickeln, nun aber in aller Ausführlichkeit; aus den einbändigen deutschen Werken wurden so u.a. eine dreibändige Logik, eine sechsbändige Metaphysik, eine achtbändige Naturrechtslehre und eine fünfbändige Ethik. 1740 konnte Wolff, von Friedrich II. in einer ersten Amtshandlung zurückberufen, im Triumph nach Halle zurückkehren. Allerdings stieß seine immer ausführlichere Systematik jetzt mehr und mehr auf Ablehnung.

Wie schon die großen Metaphysiker des 17. Jahrhunderts wollte Wolff, fasziniert vom Beispiel der modernen Naturwissenschaft, die Philosophie als exakte und evidente Wissenschaft aufbauen, wobei er jedoch Wissenschaft nicht als hypothetische Phänomenerklärung, sondern als grundlegende Prinzipienwissenschaft verstand. Mit Hilfe der sogenannten mathematischen Methode, nämlich mit Hilfe klarer Begriffe und richtiger Schlüsse, sollte durch „gründliche“ Erkenntnis allmählich alles menschenmögliche Wissen in einem einzigen System dargestellt werden. Darin fungiert die Philosophie als die einzige Erkenntnis, die alles aus ihren letzten Gründen erkennt; als Erkenntnis aller möglichen Dinge, und zwar als Erkenntnis aus den Bedingungen der Möglichkeit, ist sie im Grunde die einzige, allumfassende und letztbegründete Wissenschaft. Wolff ist von allen Aufklärungsphilosophen am meisten metaphysisch orientiert, die Metaphysik ist für ihn die „Hauptwissenschaft“. Gleichzeitig aber wollte er ein universaler Reformer sein, nämlich durch Verbreitung von „Verstand und Tugend“ eine Reform der Gesellschaft anbahnen. Da die wahre Praxis jedoch für ihn von der wahren Theorie, d.h. der richtigen Erkenntnis der wesentlichen Dinge, abhing, glaubte Wolff auch, daß nur die wahre, nämlich seine eigene Metaphysik eine wahre Politik ermöglichen könne.

Wolffs imposante Philosophie fand schnell zahlreiche Anhänger; seine Schüler waren an fast allen protestantischen deutschen Universitäten vertreten. Ihr bekanntester ist Alexander Gottlieb Baumgarten (1714–1762), der als erster zur Ergänzung der Lehre vom vollkommenen Denken (Logik) eine Lehre von der Vollkommenheit der sinnlichen Erkenntnis (Ästhetik) konzipierte (*Aesthetica* 1750–58); sie wurde zum Ausgangspunkt der modernen Ästhetik. Außerdem wurde Wolffs Philosophie auch im Ausland, z. B. in Frankreich und Italien, rezipiert, ja sogar in Rußland gelehrt. Gelegentlich wurde sie, weil der Form nach modern, in ihren Inhalten oftmals jedoch eher konservativ, im Katholizismus als Bollwerk gegen den Atheismus geschätzt; so ermöglichte sie der katholischen Philosophie in einigen Fällen den Anschluß an die ursprünglich protestantische Aufklärungsbewegung.

Um die Mitte des 18. Jahrhunderts änderte sich in Deutschland das gesamte geistige Klima, nicht nur das politische und religiöse, sondern auch das philosophische Klima. Mit dem Regierungsantritt Friedrichs II. und den folgenden Eroberungskriegen begann der große Aufstieg Preußens und damit die Scheidung der Geister. Einerseits konnte ein neuer Preußenpatriotismus entstehen, nicht zuletzt wie in Berlin in Form eines neuen intellektuellen Selbstbewußtseins, andererseits wuchs die Enttäuschung über den Philosophenkönig, insbesondere über seine Art von Aufklärung und Aufgeklärtheit. Auch auf religiösem Gebiet vollzog sich – trotz aller frommen Kontinuität vor allem bei den unteren Bevölkerungsschichten – ein deutlicher Wandel. Die altlutherische Orthodoxie existierte theologisch fast nur noch in Resten; selbst der Pietismus hatte viel von seiner ursprünglichen, geistlichen Erneuerungsenergie eingebüßt, aber auch durch seine politische Verfolgung der Aufklärung an Kredit verloren. Außerdem setzte sich allmählich eine nüchternere Betrachtung der Religion durch. Die *Wertheimer Bibel* (1735), eine Bibelübersetzung von Johann Lorenz Schmidt (1702–1749), behandelt die

Bibel wie einen profanen Text und entkleidet sie alles Wunderbaren; das Buch wurde verboten und der Verfasser ins Gefängnis geworfen. Johann Christian Edelmann (1698–1767), der sich unter dem Einfluß des englischen Deismus vom Pietismus abgekehrt hatte, schrieb eine kritische Bibelanalyse (*Moses mit aufgedecktem Angesicht* 1740) und wurde dafür verfolgt. Doch setzte sich mit den Neologen allmählich auch eine undogmatischere Theologie durch, während die Rationalisten die Bibel bereits auf eine Vernunftreligion zu reduzieren versuchten. Im übrigen machten der Rückgang des Glaubenseifers und die Ausbreitung des Willens zur Vernunft erstmals auch die Mauern zwischen den Konfessionen durchlässiger, zumal die Aufklärung in der einen oder anderen Form nun auch im Katholizismus Fuß zu fassen begann und in Ansätzen zu einem Reformkatholizismus führte. Und nicht zuletzt konnte auch nicht verborgen bleiben, daß Friedrich zwar von seinen Untertanen traditionelle Frömmigkeit erwartete, selbst aber eher ein Freigeist war.

In der Philosophie vollzog sich der geistige Wandel mit und gegen Wolff. Dessen Versuch, die Philosophie als Universal- und Fundamentalwissenschaft zu begründen, hatte unvermeidlich zu immer umfangreicheren Werken geführt. Aber schon zu Wolffs Lebzeiten, und zwar sehr früh, hatten seine Schüler damit begonnen, seine Lehren in kurzen, faßlichen Kompendien darzustellen. Dabei verzichteten sie auf die umständliche Deduktion und damit weitgehend auf die mathematische Methode; sie hielten sich an die „dogmatischen" Ergebnisse. Der von Wolff so sehr betonte wissenschaftliche Charakter der Philosophie stand nun nicht mehr im Vordergrund, die Hoffnung auf eine exakte und endgültige Erkenntnis hatte an Faszination verloren. Zwar werden viele Theoreme Wolffs von vielen Schülern tradiert, und insofern bleibt seine Philosophie inhaltlich sozusagen überall gegenwärtig; aber sie werden jetzt in eine Philosophie für alle (nicht nur für besonders hochgelehrte Wissenschaftler) integriert. Offensichtlich wuchs wieder einmal das Bedürfnis nach einer neuen, lebensnahen Philosophie. So entstand um die Mitte des

Jahrhunderts, in Fortsetzung der frühaufklärerischen Unterscheidung zwischen Philosophie der Schule und Philosophie für die Welt, die Popularphilosophie, die neben die Schulphilosophie tritt und sich z.T. an deren Stelle drängt. Sie beruft sich jetzt vor allem auf die „gesunde Vernunft" und ist inhaltlich vielfach eklektisch. Thematisch treten nun die lebensnahen Probleme der Psychologie und der Ästhetik in den Vordergrund. Dabei machten sich auch starke englische Einflüsse geltend, die über Hamburg, vor allem aber über die 1737 gegründete Universität Göttingen wirksam wurden. Der Begriff *Popularphilosophie* blieb allerdings ziemlich unbestimmt, er konnte z.B. auch als Schimpfwort für oberflächliches Philosophieren gebraucht werden. Zu den bekanntesten Vertretern der Popularphilosophie, die besonders nachdrücklich von Christian Garve (1742–1798) verteidigt wurde, gehören Hermann Samuel Reimarus (1694–1768) und Moses Mendelssohn (1729–1786).

Reimarus, Professor am Hamburger Gymnasium Johanneum, stand sowohl in der Tradition der deutschen Schulphilosophie als auch unter dem Einfluß des englischen Deismus. Sein Hauptinteresse galt der Religion. 1754 veröffentlichte er die Schrift *Von den vornehmsten Wahrheiten der natürlichen Religion*, in der er einen gewissen Deismus propagierte. Zuvor hatte er jedoch schon mit der Ausarbeitung der darin implizierten Kritik des Christentums begonnen; diese *Apologie oder Schutzschrift für die vernünftigen Verehrer Gottes* wurde 1765 fertig. Allerdings wagte Reimarus nicht, sein Werk, in dem er z.B. die Auferstehung Christi als Betrug der Jünger darstellte, zu veröffentlichen. Als es nach seinem Tode auszugsweise veröffentlicht wurde, kam es noch einmal zu einem heftigen Protest der orthodoxen Theologie gegen die Aufklärung.

Mendelssohn, Sohn eines Thora-Schreibers aus Dessau, war aufgrund seiner Herkunft und seiner Verhältnisse ein Autodidakt, der sich der Philosophie nur nebenbei widmen konnte. In Berlin, wohin er schon früh gekommen war, fand er schnell Anschluß an die dortigen Aufklärerkreise; die Aufnahme in die Akademie wurde ihm jedoch durch Friedrich verweigert.

Bekannt wurde er, als er 1763 für seine *Abhandlung über die Evidenz in metaphysischen Wissenschaften* den ersten Preis der Akademie erhielt. Sein Hauptinteresse galt jedoch, nicht zuletzt aufgrund seiner eigenen Lage, zwei anderen Themen: der Situation der Juden und der natürlichen Religion. In seiner Schrift *Jerusalem, oder über religiöse Macht und Judentum* (1783) plädierte er für eine scharfe Trennung von Staat und Religion und die Gewaltfreiheit aller Religionen. In seinen Schriften *Phädon oder über die Unsterblichkeit der Seele* (1767) und *Morgenstunden oder Vorlesungen über das Dasein Gottes* (1785) versuchte er, die Hauptpunkte einer vernünftigen, Juden und Christen gemeinsamen Religion zu entwickeln.

In enger Verbindung mit der Popularphilosophie steht auch das intensivierte Bemühen um eine verbesserte Erziehung im letzten Drittel des 18. Jahrhunderts. Zwar hatte die Idee der Aufklärung als solche immer schon zu pädagogischen Theorien und schulpraktischen Reformen Anlaß gegeben, aber erst mit der Entdeckung der Kindheit durch Rousseau brach in Deutschland das „pädagogische Jahrhundert" an. Am Anfang dieser pädagogischen Reformbewegung steht Johann Bernhard Basedow (1723–1790), der 1774 in Dessau das Philanthropinum errichtete, eine Schule für Menschenfreunde, in der Wissen und Moral auf natürliche Weise gelehrt werden sollten. Dieses Programm wurde vor allem von Joachim Heinrich Campe (1746–1818) theoretisch ausgebaut und für das allgemeine Schulwesen praktikabel gemacht. Alle sollten jetzt zu guten Menschen und guten Bürgern erzogen werden.

Natürlich gab es neben der Popularphilosophie immer auch das Bemühen um eine streng wissenschaftliche Philosophie, z.B. bei Johann Heinrich Lambert (1728–1777). Auch die Anfänge des größten Philosophen des 18. Jahrhunderts, Immanuel Kant (1724–1804), fallen in die Epoche der Popularphilosophie, die dieser nicht zuletzt mit Hilfe der alten, in der Popularphilosophie leicht verwischten Unterscheidung von Philosophie der Schule und Philosophie für die Welt in ihre Grenzen zu weisen versuchte. Faktisch beginnt Kant bereits die ganze Aufklärung hinter sich zu lassen. Seine Lebenszeit deckt sich zwar fast mit dem Zeitalter der Aufklärung, dennoch kann er, obwohl er sich selbst ihr noch zugehörig fühlt, nur mit erheblichen Einschränkungen zur Aufklärung gerechnet werden. Selbstverständlich finden sich bei Kant viele Einzelheiten, die sich auf Theorien der englischen, französischen und natürlich auch der deutschen Aufklärungsphilosophie zurückführen lassen. Insbesondere seine Religionsphilosophie (*Religion innerhalb der Grenzen der bloßen Vernunft* 1793) mit ihrer Tendenz, Religion und Moral zu identifizieren, ist durch und durch der Aufklärung verhaftet; allerdings entwikkelt Kant die Religion aus der Moral, anstatt die Moral wie üblich auf Religion zu gründen. Vor allem aber stammt die berühmteste Definition der Aufklärung von Kant: „Aufklärung ist der Ausgang des Menschen aus seiner selbstverschuldeten Unmündigkeit" (*Beantwortung der Frage: Was ist Aufklärung?* 1784). Doch ist diese Definition, die primär auf die Selbstbefreiung durch eigene Willenskraft abzielt, gerade nicht typisch für das gängige Selbstverständnis der Aufklärung, das eher auf „Aufklärung des Verstandes", insbesondere auf kritische Information des anderen („Volksaufklärung"), abhebt.

Im Grunde geht es Kant bereits um ganz andere Probleme. So treibt ihn zunächst die Frage, ob Metaphysik als Wissenschaft möglich sei, und damit die Frage nach den Bedingungen der Möglichkeit von Erkenntnis überhaupt. Indem er in der *Kritik der reinen Vernunft* (1781) die Erkenntnis der Dinge an sich für unmöglich erklärt und alle Erkenntnis als bloße Erkenntnis von Erscheinungen bestimmt, unterminiert er mit dieser prinzipiellen Erkenntniskritik den verbreiteten aufklärerischen Erkenntnisoptimismus. Indem er dann in der *Kritik der praktischen Vernunft* (1788) im Ausgang vom Faktum des Sollens eine Pflichtenlehre begründet, die alle wahre Moral auf die Achtung vor dem Sittengesetz zurückführt, zerstört er die gängigen („eudämonistischen") Theorien über die Einheit von Glück und Tugend. Selbst in seiner politischen Philosophie, die er erst relativ spät und z.T. bereits unter dem Eindruck der Französischen Revolution als eine Philosophie der Freiheit entwickelt hat, läßt Kant die Aufklärung hinter sich, indem er nun, anstatt vom Schutz des Lebens und Eigentums, von der Gerechtigkeit als Staatszweck ausgeht und den Staat auf die Wahrung der Gerechtigkeit einschränkt (statt ihm die Förderung von Tugend und Glück zur Aufgabe zu machen).

3. Gottes Reich und menschliche Moral

Die Aufklärungsliteratur gehört in Deutschland, mit wenigen Ausnahmen, nicht zur Weltliteratur, sie ist überdies vielfach von fremden, englischen und französischen Vorbildern abhängig. Dennoch entwickelt sie von Anfang an gewisse Eigentümlichkeiten, die unverkennbar mit den deutschen Verhältnissen zusammenhängen. Die Schriftsteller führen in aller Regel eine bürgerliche Existenz, und gelegentlich sind sie Poeten und Professoren in einer Person. Die neue, bürgerlich moralisierende Literatur ist – mit Ausnahme der aussterbenden klassizistischen Tragödie – nicht auf den Hof und aristokratische Themen (Ehre) konzentriert. Tugendsam und mehr und mehr auch empfindsam tendiert sie zur Thematisierung von Freundschaft und Familie, zu sozusagen häuslichen (‚unpolitischen') Themen. Vor allem aber bleibt die Aufklärungsliteratur noch lange religiös bestimmt. Gott ist, auch wenn der religiöse bzw. konfessionelle Eifer durch eine Art Tugendfrömmigkeit ersetzt wird, immer noch der letzte Bezugspunkt; er ist wie in der Naturerfahrung so auch in der Tugendproblematik präsent. So hat die deutsche Aufklärungsliteratur besonders in ihren Anfängen einen betont frommen Charakter, der sich nicht aus der beginnenden Aufklärungsphilosophie, sondern aus der Leibnizschen Metaphysik und dem Franckeschen Pietismus speist; der Theodizeegedanke einerseits und das fromme Gefühl andererseits spielen eine große Rolle. Aber selbstverständlich ist wie in der Philosophie und der Theologie der Zeit auch die Tugendforderung allgegenwärtig. Sie bestimmte in der einen oder anderen Form die Aufklärungsliteratur bis zu ihrem Ende, gerade auch, als das religiöse Problem aus dem Zentrum des Interesses rückte bzw. eine andere Form annahm.

Wirklich deutlich wird das neue Aufklärungsdenken zum ersten Mal in einer literarischen Gattung, wo man es am wenigsten erwartet hätte, nämlich in der Lyrik, und zwar in der religiösen Naturlyrik des Hamburger Patriziers Barthold Hinrich Brockes (1680–1747). Allerdings hat sein Gedichtzyklus *Irdisches Vergnügen in Gott*, 1721–1748 in neun Bänden erschienen, einen so lehrhaften Charakter, daß man ihn auch zur Lehrdichtung zählen kann. Brockes, Mitglied der Hamburger „Patriotischen Gesellschaft", der u. a. in Halle Jura studiert hatte und so mit dem Gedankengut von Aufklärung und Pietismus früh vertraut war, entwickelte eine neue, geradezu empirisch genaue Art der Naturbeschreibung. In immer neuen Anläufen preist er die Naturordnung als Werk der göttlichen Weisheit. Insofern ist die Physikotheologie das zentrale Motiv seines unermüdlichen Dichtens, dessen Einförmigkeit jedoch selbst seine frommen Zeitgenossen alsbald ermüdete. Sie begeisterten sich inzwischen für die lyrische oder vielmehr moralisch-fromme Lehrdichtung des Schweizers Albrecht von Haller (1708–1777). Der Berner Mediziner hatte nach einer Studienreise durch das heimatliche Gebirge das beschreibende Gedicht *Die Alpen* verfaßt und in einer Sammlung mit dem patriotischen Titel *Versuch schweizerischer Gedichte* (1732) veröffentlicht. Er schilderte darin mit großer Sprachkraft die Natur und das einfache Leben der Bauern und begründete so, indem er das Thema der Zivilisationskritik eröffnete, den „Mythos Schweiz". Anschließend ging Haller für 17 Jahre als Professor nach Göttingen, wo er u. a. Mitbegründer der Göttinger Akademie der Wissenschaften wurde.

Das eigentliche Zentrum der frühen deutschen Aufklärungsliteratur war Leipzig, wo Johann Christoph Gottsched (1700–1766) die Literatur mit der Aufklärungsphilosophie verband. Am Anfang der neuen Literatur steht nämlich eine Literaturtheorie, Gottscheds *Versuch einer kritischen Dichtkunst für die Deutschen* (1730). Dieser hatte sich nach einigem Zögern der Philosophie Christian Wolffs angeschlossen und wurde Professor der Poesie, später auch der Logik und Metaphysik in Leipzig. Gottsched setzt wie auf das Vorbild der Alten so auch auf das Vorbild der ihrerseits antikisierenden Franzosen, weil er glaubt, auf diese Weise eine eigenständige deutsche Theaterkultur begründen zu können. Diese Regelpoetik, die er durch Schriften über die „Redekunst" und die „Sprachkunst" ergänzte, war zunächst sehr erfolgreich. Gottsched bekämpfte die volkstümliche Literatur (Hanswurstiaden) und wollte alles Phantastische aus der Literatur verbannen. Seine Versuche, seine Literaturtheorie auch in eigenen Dichtungen (*Sterbender Cato* 1732) zu realisieren, waren jedoch nicht überzeugend. Sehr erfolgreich hingegen wurde seine frühe Popularisierung der Wolffschen Philosophie (*Erste Gründe der gesamten Weltweisheit* 1733/34), sowie seine Nachahmung der englischen *moral weeklies*. Nachdem schon in Hamburg die Patriotische Gesellschaft mit der Herausgabe der Moralischen Wochenschrift *Der Patriot* (1724–26) begonnen hatte, veröffentlichte Gottsched die *Vernünftigen Tadlerinnen* (1725–26) und *Der Biedermann* (1727–29). Damit wurde eine Literaturform erfolgreich, die in Deutschland seit ihren Anfängen bei Thomasius fast völlig verstummt war.

Neben diesen umfangreichen Tätigkeiten hat Gottsched sich noch mit großer Energie als Übersetzer betätigt und dadurch philosophisch aufklärerisch und literarisch stilbildend zugleich gewirkt. So veröffentlichte er u.a. das *Historisch-kritische Wörterbuch* von Pierre Bayle und Leibniz' *Theodizee* in deutscher Sprache und half dadurch, sie zu Erfolgsbüchern der deutschen Aufklärung zu machen, wobei er die Arbeitskraft seiner gebildeten Frau Luise Adelgunde Victorie geb. Kulmus (1713–1762) anscheinend skrupellos ausbeutete. Doch betätigte sich die „Gottschedin" auch selbst als Dichterin, und zwar im Unterschied zu ihrem Mann als Verfasserin von Lustspielen. Ihr bekanntestes Werk, *Die Pietisterei im Fischbeinrocke* (1736), ist allerdings nur die Bearbeitung einer französischen Vorlage.

Entscheidend für das Schicksal der Gottschedschen Literaturtheorie wurde sein Konflikt mit den Literaturtheoretikern Johann Jakob Bodmer (1698–1783) und Johann Jakob Breitinger (1701–1776). Die beiden Züricher Freunde gingen in vielen Hinsichten durchaus ähnliche Wege wie Gottsched, auch sie wollten die deutsche Literatur reformieren und neu begründen. Noch vor Gottsched veröffentlichten sie eine Moralische Wochenschrift mit dem Titel *Diskurse der Maler* (1721–1723) sowie 1727 eine Abhandlung *Von dem Einfluß und dem Gebrauch der Einbildungskraft*. Darin halten sie zwar noch am Prinzip der Naturnachahmung fest, räumen aber dem Dichter auch schon größere Freiheit ein. Aber bald gingen beide Autoren, vor allem unter dem Eindruck der englischen Literatur, weiter. Bodmer verteidigte das Recht des Dichters auf Darstellung wunderbarer, also übervernünftiger Dinge, Breitinger verteidigte die Phantasie des Dichters und dessen Ziel, das Gemüt zu rühren. So entstand ein erweiterter Begriff von Dichtung, der diese nicht mehr auf die Illustrierung und Propaganda von Verstand und Tugend beschränkte.

Der Streit Gottscheds mit den Zürichern ist nur ein Zeichen für die schon lange vor der Jahrhundertmitte wachsende Einsicht, daß der in der Aufklärung gegen den Glauben stark gemachte Verstand zumindest in der Dichtung nicht die Antwort auf alle Fragen sein könne. Überall wird jetzt das eudämonistische Verstand-Tugend-Schema aufgeweicht. Gottscheds Leipziger Kollege, der Professor und Schriftsteller Christian Fürchtegott Gellert (1715–1769), der sich mit einer Abhandlung über die *comédie larmoyante* habilitierte, wurde durch seine moralisch-lehrhaften Erzählungen und seine Fabeldichtung berühmt; seine *Moralischen Vorlesungen*, die erst 1770 herausgegeben wurden, waren bei den Studenten überaus beliebt. Auch sein Roman *Das Leben der schwedischen Gräfin von G.* (1747/48) scheint auf den ersten Blick nur die Unerschütterlichkeit der Tugend zu illustrieren. Aber Gellerts detaillierte Beschreibungen der Tugendprüfungen lassen auch eine kaum verdeckte Faszination durch die moralischen Greuel erkennen.

Schon früh mußten auch die Züricher Literaturpäpste feststellen, daß sie die Geister, die sie geweckt hatten, nicht unter Kontrolle halten konnten. Friedrich Gottlieb Klopstock (1724–1803) aus Quedlinburg hatte schon als Schüler den

Entschluß gefaßt, ähnlich wie der englische Dichter John Milton (1608–1674) im 17. Jahrhundert, das Leben Jesu in einem umfassenden Epos darzustellen. Nach einem kurzen Theologiestudium widmete er sich ganz der Dichtung und veröffentlichte 1748 die ersten drei Gesänge des *Messias*, der durch seine Verknüpfung von aufgeklärter Theologie mit empfindsamer Leidenschaft, in eindrucksvollen Versen vorgetragen, ein großer Erfolg wurde. Ein Besuch in Zürich führte allerdings zum Zerwürfnis Klopstocks mit dem von ihm verehrten Literaturtheoretiker Bodmer und damit zu einer weitgehenden Befreiung vom Aufklärungsdenken überhaupt; seine Züricher Oden über Freundschaft und Natur, die mit rokokohafter Tändelei nichts mehr gemein haben, markieren den Anfang eines neuen, sehr pathetischen Dichtungsverständnisses. Allerdings fanden die Fortsetzungen des *Messias*, der erst 1773 vollendet wurde, mit dem Nachlassen des religiösen Interesses, aber wohl auch wegen ihrer unaufhörlich pathetischen Diktion, nur noch geringe Resonanz. Auch seine biblischen und patriotischen Dramen blieben ebenso erfolglos wie seine weniger aufklärerische als poetisch-aristokratische Schrift *Die Deutsche Gelehrtenrepublik* (1774), mit der er eine Gesellschaftsreform initiieren wollte. Revolutionär und konservativ zugleich gesinnt nahm Klopstock noch als alter Mann an der Hamburger Feier zur Französischen Revolution teil.

Der strenge Rationalismus und Moralismus der Aufklärung wurde um die Jahrhundertmitte nicht nur in Richtung Pathos, Phantastik und Sentimentalität durchbrochen, sondern auch durch das, was man deutsche Rokokodichtung bzw. Rokokolyrik nennen könnte. Ihre Anfänge finden sich bei Friedrich von Hagedorn (1708–1754), einem Hamburger Wirtschaftsjuristen, der einige Zeit in England gelebt hatte. Er dichtete elegant formulierte Fabeln und Lieder, in denen er ein idyllisches Landleben, Jugend, Liebe und Freundschaft besang. Auch die Mode der Anakreontik entzog sich auf ihre Weise der strengen Rationalität und Moralität der Aufklärung. Sie entsprang dem Freundschaftsbund dreier Hallescher Studenten, die, später als ehrbare kirchliche und staatliche Beamte tätig, das heitere, gesellige und manchmal ein wenig sündhafte Leben feiern wollten. Aber alle betonten auch den Unterschied zwischen Kunst und Leben, poetischer Tändelei und bürgerlicher Moral.

Der bedeutendste Autor, der aus der Rokokoliteratur hervorgegangen ist, sie allerdings auch mehr und mehr hinter sich gelassen hat, ist Christoph Martin Wieland (1733–1813). Der Sohn eines protestantischen Pfarrers studierte Jura und wurde zunächst Senator der Freien Reichsstadt Biberach; später war er in Erfurt Professor für Philosophie, ging dann aber 1772 als Prinzenerzieher nach Weimar und wurde so zum Senior der Weimarer Klassik. Wieland ist vielleicht der erotischste Schriftsteller in Deutschland im Zeitalter der Aufklärung; sein Thema ist immer wieder das Verhältnis von Vernunft und Sinnlichkeit. Zugleich ist er einer der elegantesten Schriftsteller seiner Zeit, der zahlreiche Romane und Verserzählungen wie mit leichter Hand produzierte. Dabei wählte er für seine nicht selten ironisch oder satirisch pointierten Erzählungen (*Agathon*, *Musarion*, *Die Abderiten*) immer wieder ein antikes, später gelegentlich sogar schon ein mittelalterliches Milieu (*Oberon*). Seit seiner Übersiedlung nach Weimar beschäftigte er sich jedoch vor allem mit der Herausgabe und Verlegung seiner Zeitschrift *Teutscher Merkur* (1773–1789), später *Neuer Teutscher Merkur* (1790–1810). In diesem zu seiner Zeit erfolgreichsten Journal wurden nicht nur literarische und philosophische Themen behandelt, sondern auch Nachrichten aus der Wissenschaft und Politik verbreitet. Hier zeigt sich auch deutlich Wielands Verbindung zur Aufklärung, die er 1789 in einem eigenen Aufsatz verteidigte. Wahre Aufklärung gebe es erst, wenn jeder „übernatürlich erleuchtete Schneider und Schuster“ ungehindert seine Version der Wahrheit verbreiten dürfe.

Der bedeutendste Dichter der deutschen Aufklärung war zweifellos Gotthold Ephraim Lessing (1729–1781). Sein bewegtes Leben führte ihn von Kamenz in Sachsen, wo er als Pfarrerssohn geboren wurde, über ein abgebrochenes Studium in Leipzig nach Berlin, wo er als Redakteur und Rezensent einer Zeitung arbeitete und u.a. in freundschaftliche Beziehungen zu dem Philosophen Moses Mendelssohn trat. 1756 ging er als Sekretär eines preußischen Generals nach Breslau, 1767 wurde er Dramaturg am Deutschen Nationaltheater in Hamburg, das von einem Dutzend Hamburger Geschäftsleute gegründet worden war. Nach dem Scheitern des „gutherzigen Einfalls", ein Nationaltheater ohne Nation zu gründen, fand er zuletzt eine Stelle als Bibliothekar an der herzoglichen Bibliothek in Wolfenbüttel.

Lessings große Liebe gehörte dem Theater. Zwar hat er auch Lyrik im Stile der Anakreontik sowie Lehrgedichte und Fabeln verfaßt, aber schon früh begann er sich im Schreiben von Schauspielen zu üben und an der Theorie des Schauspiels zu arbeiten. Dabei überwindet er allmählich die Gottschedsche Regelpoetik und das Theater nach französischem Geschmack. In seiner *Hamburgischen Dramaturgie* (1767) gewinnt er dann seine Eigenständigkeit. Mit großer Schärfe, aber keineswegs immer gerecht, setzt er sich von Gottsched und dem französischen Schauspiel ab und propagiert eine verstärkte Rezeption der englischen Literatur, mehr und mehr auch des Shakespeareschen Dramas. Faktisch hatten allerdings sowohl Gottsched als auch Gellert das in England entstandene „bürgerliche Trauerspiel" bereits positiv rezipiert, und in Frankreich, wo unter englischem Einfluß die *comédie larmoyante* entstanden war, hatte schon Diderot das neue moralische Rührstück des Bürgertums theoretisch zu rechtfertigen und praktisch weiterzuentwickeln versucht.

Gleichzeitig versuchte Lessing, seine Theorie, daß die Seele durch Rührung, Furcht oder Schrecken sowie Mitleid auch im bürgerlichen Drama eine moralische Reinigung finden könne, in die Praxis umzusetzen. Sein Trauerspiel *Miß Sara Sampson* (1755) erzählt das Schicksal der nicht ganz tugendhaften Sara Sampson, die sterbend ihrer Mörderin vergibt (so wie ihr Vater ihrem Verführer). Zwar entbehrt dieses „bürgerliche Trauerspiel" der tragischen Notwendigkeit, dennoch markiert es einen Wendepunkt in der Entwicklung des Schauspiels in Deutschland, da es die Ständeklausel durchbricht, d.h. die bisher für die Tragödie vorgeschriebene Adelswelt erfolgreich verläßt. Ein ähnliches Konzept verfolgt Lessing auch in dem Trauerspiel *Emilia Galotti*, das er schon 1757 begann, aber erst 1771/72 vollendete. Hier wird eine junge und unschuldige Tochter auf eigenen Wunsch von ihrem tugendstrengen Vater umgebracht, um sie vor den Verführungen eines Adeligen zu schützen; der Mord bzw. Selbstmord wird zum letzten Akt der Freiheit angesichts von Verführung und Gewalt. Die darin angedeutete Kritik Lessings an den politischen Verhältnissen wurde von der jungen Generation des Sturm und Drang mit großem Pathos aufgenommen, das abstrakte Tugendproblem aber und seine defätistische Lösung wurde schon damals nicht mehr verstanden. Auch Lessing selbst verläßt nun diese Art von Tugendproblematik und ihre Behandlung im rührseligen bürgerlichen Trauerspiel. Schon während der offensichtlich schwierigen und langwierigen Arbeit an dem Trauerspiel *Emilia Galotti* hatte er ein Lustspiel geschrieben, das 1767 unter dem Titel *Minna von Barnhelm oder Das Soldatenglück* erschien und sozusagen im Gegenzug als Komödie in der Welt des Adels spielt. Minna von Barnhelm, eine junge sächsische Adelige, trifft nach dem Ende des Siebenjährigen Krieges ihren Verlobten, den preußischen Major Tellheim, wieder, der zu Unrecht unehrenhaft entlassen worden ist und nun, verwundet und verarmt, meint, es seiner Ehre zu schulden, auf seine Verlobte verzichten zu müssen. Erst als er eine Heirat als Ehrensache betrachten kann, weil Minna ihrerseits scheinbar verarmt ist, während er durch seinen König rehabilitiert wird, bahnt sich ein glückliches Ende an. So wird in dieser ersten großen deutschen Komödie, die allerdings immer der Tragödie nahe ist, die preußische Moral der Offiziersehre von der Heldin mit Liebe und gesundem Menschenverstand vor katastrophalen Folgen bewahrt und zugleich milde ironisiert.

In seinem letzten Schauspiel, *Nathan der Weise* (1779), versucht Lessing, indirekt – auf „seiner Kanzel", dem Theater – zu sagen, was er direkt – in theoretischen Abhandlungen – nicht mehr sagen durfte. Sein „dramatisches Gedicht" erzählt die Entwicklung der komplizierten und zugleich symbolträchtigen Beziehungen zwischen mehreren, weitgehend verwandten Personen jüdischen, christlichen und islamischen Glaubens. Die zentrale Frage nach dem wahren Glauben wird durch die Ringparabel beantwortet, wonach ein Vater seinen drei Söhnen einen wunderbaren Ring und zwei davon theoretisch ununterscheidbare Nachbildungen vererbt hat; nur die Praxis kann zeigen, wer den wahren Ring, d.h. die wahre Religion, besitzt. Die Botschaft des Stückes wie der Ringparabel ist also die Aufforderung zu religiöser Toleranz und praktischer Humanität.

Lessing war nicht nur Schauspielschreiber und Dramentheoretiker, zuletzt hat er sich vor allem mit der Frage der Religion und ihrer Bedeutung für die Menschheit beschäftigt. 1774 begann er als Bibliotheksdirektor mit der Veröffentlichung der *Fragmente eines Ungenannten* aus dem Nachlaß von Hermann Samuel Reimarus. Zwar distanzierte er sich in vielen Punkten von dessen Ansichten, wandte sich jedoch seinerseits gegen die Erhebung der Bibel zur exklusiven Aussage Gottes. Dadurch geriet er vor allem mit dem Hamburger Hauptpastor Johann Melchior Goeze (1717–1786) in einen langanhaltenden Streit, dessen Fortsetzung schließlich durch die Aufhebung der Zensurfreiheit für Lessing beendet wurde. Es wäre jedoch einseitig, Lessings Religionsverständnis auf eine deistische Gegenposition zur Lutherischen Orthodoxie festzulegen und zu begrenzen. Der religiöse Rationalismus seiner Zeit stieß ihn nicht weniger ab, weshalb er auch von der „Berlinischen Freiheit ... gegen die Religion so viel Sottisen zu Markt zu bringen, als man will", nichts wissen wollte. Seine Hoffnung auf eine Vernunftreligion ging noch mit der Überzeugung von der inneren Wahrheit des Christentums zusammen.

Lessing hat seine religiösen Überzeugungen mit einer optimistischen Geschichtsphilosophie verknüpft. In seiner *Erziehung des Menschengeschlechts*, deren erster Teil 1777 im Zusammenhang mit dem „Fragmentistenstreit" erschienen war und die 1780 fertiggestellt wurde, versuchte er, Vernunft und Offenbarung durch die Annahme eines göttlichen, in der Geschichte realisierten Erziehungsplanes zu versöhnen. Gott hat sich den Menschen stufenweise offenbart, d.h. er hat ihre Vernunft die religiösen Wahrheiten nur schrittweise erkennen lassen; die Offenbarungswahrheiten werden sich letztlich als Vernunftwahrheiten erweisen. Daher ist auch nach dem Alten und dem Neuen Testament noch ein drittes, „neues, ewiges Evangelium“ zu erwarten, das die endgültige Vernunftreligion enthalten wird. Anscheinend glaubte Lessing, daß mit der Aufklärung dieses neue Zeitalter begonnen habe; er wird mit dieser Geschichtsspekulation die Geschichtsphilosophie des Deutschen Idealismus mitbegründen.

Vor allem in seinen letzten Lebensjahren sah sich Lessing schon mit verschiedenen neuen Geistesströmungen konfrontiert, denen er letztlich verständnislos gegenüberstand. Die Klopstock-Begeisterung der Jahrhundertmitte hatte er noch mit ironischer Kritik bedacht, aber die daran (wie auch an den verweltlichten Pietismus und andere aufklärungsfremde Ansätze) anschließenden Jugendmoden stießen ihn nur noch ab; die Genialitätspose des Sturm und Drang war ihm genauso fremd wie die exaltierte Rührseligkeit der Empfindsamkeit. Die Ansätze einer neuen großen Literatur im Rahmen dieser Moden, z.B. *Die Räuber* (1781) von Friedrich Schiller (1759–1805) oder *Götz von Berlichingen* (1773) und *Die Leiden des jungen Werther* (1774) von Johann Wolfgang Goethe (1749–1832), hat er, soweit er sie überhaupt noch zur Kenntnis genommen hat, nicht mehr erkannt. Auch die dazu gehörigen theoretischen Erörterungen, die vor allem in Königsberg im äußersten Nordosten des deutschen Kulturraumes von Johann Georg Hamann (1730–1788) und Johann Gottfried Herder (1744–1803) entwickelt wurden, gingen an ihm schon vorbei.

Trotz all der Neuentwicklungen in der Literatur und der sie begleitenden Philosophie und Literaturtheorie kam es in den beiden letzten Jahrzehnten des 18. Jahrhunderts noch einmal zu einer gewissen Blüte der Aufklärung, die als Spätaufklärung bezeichnet werden kann. Dabei entstand nun auch in Deutschland ein Schriftstellertypus, der eine gewisse Ähnlichkeit mit dem französischen *philosophe* aufweist, auch wenn er dessen Neigung zur schönen Literatur bzw. zum Dichten nicht teilt. Vielmehr entfaltet sich jetzt, gut zwei Generationen nach den ersten *Moralischen Wochenschriften* in Deutschland, eine ganz neue und neuartige Tendenz zum Journalismus, und zwar zu einem meist erstaunlich philosophischen Journalismus, der sich über alle Kultur- und Lebensgebiete von der Politik bis hin zur Theologie erstreckt. Im Unterschied zu Frankreich sind es jedoch auch jetzt nicht freie Schriftsteller, die sich durch Schreiben ihr Brot verdienen müßten, sondern räsonierende Beamte, die meist der aufgeklärten Bürokratie angehören und sich – ebenso gründlich wie vorsichtig – um Aufklärung in allen möglichen Fragen bemühen. Aber es gibt auch unabhängigere Persönlichkeiten wie den Berliner Verleger und Schriftsteller Friedrich Nicolai (1733–1811), der mit Mendelssohn die *Bibliothek der schönen Wissenschaften und der freien Künste* gründete (1757), mit Lessing und Mendelssohn die *Literaturbriefe* veröffentlichte (1761–1767) und von 1765 bis 1792 die *Allgemeine deutsche Bibliothek* herausgab. Die geistige Herkunft der vielen Spätaufklärer war allerdings unterschiedlicher Art; die einen kamen noch aus dem Wolffianismus oder der Popularphilosophie, die anderen schon aus dem Kantianismus.

Der neue spätaufklärerische Schriftstellertypus konzentrierte sich insbesondere in Berlin. Berlin war zwar nicht die Hauptstadt Deutschlands, weil es politisch gar kein Deutschland mit Hauptstadt gab, wohl aber die Hauptstadt des größten und mächtigsten deutschen Staates (neben Österreich, das jedoch u. a. wegen seiner Niederlagen und seiner Orientierung nach Süd- und Osteuropa mehr und mehr in eine Randlage geraten war). Außerdem war Preußen durch Friedrich II. gleichsam zu einem Modellfall von Aufklärung geworden, so daß Berlin in gewisser Weise als Hauptstadt der deutschen Aufklärung angesehen werden konnte. Hier gab es zwar keine Universität, die das geistige Leben der Stadt dominieren und möglicherweise „akademischer" hätte machen können, wohl aber eine Akademie und einen großen Kreis patriotisch gesinnter Beamter und Schriftsteller. Viele von ihnen trafen sich in der Berliner Mittwochsgesellschaft (1783–1798), einer regelmäßigen Zusammenkunft der „Freunde der Aufklärung“, unter Ausschluß der Öffentlichkeit, mit der Absicht, philosophische und politische Themen zu diskutieren. Ihr wichtigstes Organ war die *Berlinische Monatsschrift* (1783–1796), die so zum Forum der deutschen Spätaufklärung wurde.

Die Entwicklung der Spätaufklärung in Deutschland, nicht nur in Berlin, wurde nachhaltig durch verschiedene literarische, vor allem aber politische Ereignisse bestimmt. Schon die von Friedrich II. forcierte Preisfrage der Berliner Akademie über die Berechtigung des Volksbetrugs (1780) hatte Anfang der achtziger Jahre eine Scheidung zwischen radikaleren und weniger radikalen Reformern bewirkt. Als dann 1783 der Propst Johann Friedrich Zöllner (1753–1804) in der *Berlinischen Monatsschrift* eher beiläufig die Frage „Was ist Aufklärung?“ stellte, brach eine umfassende Diskussion los, an der sich Kant, Mendelssohn, Wieland und viele andere beteiligten. Sie erhielt ihre erste Zuspitzung durch den Tod Friedrichs, denn der schon lange erwartete Regierungswechsel führte nach jahrzehntelangem allmählichem Fortschritt und Reformen auf vielen Gebieten zum ersten Mal zu einem klaren Rückschlag; wie schon das Verbot des Geheimbundes der Illuminaten in Bayern (1784/85), so erzeugten nun die Religionsedikte von 1788/89 in Preußen ein neues Klima der Repression. Aber erst die Französische Revolution mit ihren Folgen stellte auch die deutschen Aufklärer vor eine schwere Entscheidung. Zunächst waren die Ereignisse in Paris von fast allen Aufklärern (und nicht nur diesen) begrüßt worden; ein Menschheitstraum von Freiheit und Gerechtigkeit für jedermann schien in Erfüllung zu gehen. Als aber in Paris der Terror begann und der König hingerichtet wurde und als die Deutschen in einen Krieg zwischen deutschen Fürsten und französischen Revolutionären verwickelt wurden, begann sich überall das geistige Klima zu ändern. Einerseits wurde das politische System reaktionärer und repressiver als zuvor, andererseits bildete sich in Deutschland keine reale politische Gegenmacht. Deutsche Jakobiner in irgendeinem engeren Sinne des Wortes gab es so gut wie gar nicht; auch die kurzzeitige Einrichtung der „Mainzer Republik" (1792–93) mit Hilfe der französischen Armee wurde nicht als vorbildlich empfunden. So wurde die Aufklärung zwischen Reformwünschen und Revolutionsablehnung zerrieben.

4. Aufklärung – Deutung und Selbstdeutung

Im Vergleich zu England und Frankreich ist die Philosophie der deutschen Aufklärung ausgesprochen metaphysisch. Zwar kritisiert Thomasius schon zu Beginn der Aufklärung die Metaphysik als Leerlauf von Begriffen, entwickelt aber selber nochmals naturphilosophische Vorstellungen von der ‚metaphysischen' Struktur der Wirklichkeit im Ganzen. Zwar erklärt am Ende der Aufklärung Kant die Metaphysik als Wissenschaft für unmöglich, bleibt aber nach seinen eigenen Worten zugleich „unglücklich verliebt" in sie und entwickelt außer seiner Erkenntnistheorie, die er gelegentlich eine „Metaphysik von der Metaphysik" nennt, eine „Metaphysik der Sitten", nämlich eine praktisch-dogmatische Metaphysik des Sollens, und eine „Metaphysik der Natur", mit der er die moderne Physik fundieren möchte. Vor allem aber sind die beiden mittleren Generationen der Aufklärung, die durch die Schulphilosophie Wolffs und seiner Anhänger bestimmt sind, alles andere als metaphysikfeindlich. Diese deutsche Neigung zur Metaphysik hängt zweifellos mit der langanhaltenden positiven Rolle der Religion in der Aufklärung zusammen. Die Metaphysik, deren erster spezieller Teil die natürliche oder vernünftige Theologie ist, übernimmt, neben der Moral, immer wieder die Rolle einer fundierenden vernünftigen Religion bzw. eines Religionsersatzes. Hier war ein Sprechen über Gott auch außerhalb der konfessionellen Offenbarungstheologie möglich. Aber sicher war es auch der Hang zur Gründlichkeit in der deutschen Schulphilosophie, der immer wieder auf die prinzipiellen Fragen zurücklenkte.

Zur Überzeugung von der Notwendigkeit einer Grundwissenschaft gehört in aller Regel auch die Überzeugung von der Notwendigkeit einer Fundierung aller Praxis in einer richtigen

Theorie, also auch die Überzeugung, daß die wahre Politik letztlich auf einer wahren Metaphysik basiere. Umso bemerkenswerter ist das ausgesprochen undogmatische, geradezu ‚reformistische' Politikverständnis der deutschen Aufklärer. Zwar werden in der Rechts- und Staatstheorie (Naturrechtslehre) nicht selten sehr anspruchsvolle Prinzipien aufgestellt, ihre allmähliche Verwirklichung aber der „Staatsklugheit" der Fürsten überlassen; eine unmittelbare Umsetzung der Prinzipien in die Praxis, etwa durch eine Revolution, wird so gut wie nie gefordert. Dies ist natürlich auf dem Hintergrund des Verhältnisses von Aufklärung und Absolutismus in Deutschland zu sehen. Während in England nach dem Sieg des Parlamentarismus das Interesse der Philosophie an der Politik bzw. der Politiktheorie deutlich nachläßt, weil die jeweils noch notwendigen Reformen im Prinzip bereits zur Sache aller geworden sind, und während in Frankreich religiös fundierter Absolutismus und Aufklärung sich wie feindliche Blöcke nahezu unbeweglich gegenüberstehen, kommt es in Deutschland aufgrund der Partikularität wie der Profanität des Absolutismus, der die Aufklärer als Beamten braucht, so wie diese ihn als Arbeitgeber brauchen, zu einer langen Allianz von Aufklärung und Absolutismus. Sie beginnt sich zwar nach der Jahrhundertmitte durch die Auseinandersetzung mit Friedrich II. zu lockern, aber sie hält sich sogar nach der Französischen Revolution noch in weiten Bereichen. Diese Zurückhaltung der deutschen Aufklärer in puncto politischer Reformforderungen ist immer wieder als der „apolitische" Charakter der deutschen Aufklärung geschmäht worden. Und in der Tat gibt es in Deutschland immer wieder, aus religiösen Gründen wie auch angesichts der bürgerlichen Machtlosigkeit in diesem zerstückelten Land, eine starke Tendenz, sich aus der Gesellschaft in die Innerlichkeit zurückzuziehen. Aber natürlich war es auch politisch klug, nicht gegen Mauern anzulaufen, sondern in kleinem Kreise, z.B. als „aufgeklärte Bürokratie", die möglichen Verbesserungen anzugehen.

Dem entspricht auch das Selbstverständnis der deutschen Aufklärung, denn in ihr spielt der Begriff *Aufklärung* von Anfang an eine wichtige Rolle, anfangs als Aktionsbegriff, zuletzt aber auch als Epochenbegriff. Schon 1691 wird der Ausdruck „Aufklärung des Verstandes" lexikalisch verzeichnet. Möglicherweise ist der häufigere Gebrauch von *aufklären* in der zweiten Hälfte des 17. Jahrhunderts durch das französische *éclairer* beeinflußt worden; möglicherweise spielen auch ältere lateinische Traditionen (*clarificatio*) eine Rolle, während englische Anregungen so gut wie auszuschließen sind. Typisch deutsch ist auf jeden Fall die Bildung eines Verbalsubstantivs *Aufklärung*, für das es in anderen Sprachen kein Vorbild gibt. Es bezeichnet eine mehr oder weniger bewußt gewollte und insofern programmatische Handlung. Zwar hatte das Wort *Aufklärung* zunächst noch mit ähnlich gemeinten Bezeichnungen wie *Erhellung* oder *Erleuchtung* zu konkurrieren, aber schon vor der Mitte des 18. Jahrhunderts beginnt es sich durchzusetzen. Gleichzeitig wird das Adjektiv *aufgeklärt*, das sich ursprünglich hauptsächlich auf den Verstand bezog, auf die Gegenwart als eine Epoche bezogen, und zwar als bereits verselbständigter Begriff, d.h. ohne daß der Ausdruck näher erläutert werden müßte; man spricht jetzt von aufgeklärten, aber auch von erleuchteten Zeiten. Kant macht dann in seinem Aufklärungs-Aufsatz einen klaren Unterschied zwischen einem „aufgeklärten Zeitalter" und einem „Zeitalter der Aufklärung".

Kants Aufsatz ist mit Abstand der bekannteste und bedeutendste zum Thema *Aufklärung*. Obwohl eher untypisch, da er Aufklärung primär (emanzipatorisch) als individuelle Selbstbefreiung, nicht (rationalistisch) als Begriffsklärung und Aufklärung der anderen interpretiert, steht er in einem lange vergessenen Diskussionszusammenhang, der die beiden letzten Jahrzehnte des 18. Jahrhunderts in Deutschland bewegte und in dem es um das richtige Verständnis bzw. Selbstverständnis der Aufklärung ging. Es ging um das Wesen, die Möglichkeiten und die Grenzen der Aufklärung. Der Sache nach gab es diesen Streit seit den Anfängen der Aufklärung, aber erst am Ende des 18. Jahrhunderts wird er zum allgemeinen und öffentlichen Streit um die „wahre Aufklärung", in dem die deutsche Aufklärung ihr geschichtliches Selbstbewußtsein entwickelt.

V. Europa und Amerika: Rezeptionen und Rebellionen

Die Aufklärung des 18. Jahrhunderts war kein Privileg Englands, Frankreichs und Deutschlands, auch wenn sie in diesen Ländern besonders früh und stark, besonders produktiv und prominent in Erscheinung trat. Überall in Europa, aber auch in Amerika gab es bemerkenswerte Modernisierungsprozesse, die zumindest z.T. im Zeichen der Aufklärung stattfanden. So kam es in vielen Ländern aufgrund ähnlicher Bedingungen zu ähnlichen Entwicklungen, immer aber auch zu „Sonderwegen" oder vielmehr eigenständigen Entwicklungen. Spontane Reaktionen auf die je eigene Situation, aber auch Informationen über Entwicklungen in anderen Ländern führten zu unterschiedlichen Reflexions- und Reformprozessen, aber auch z.B. zur Verknüpfung aufklärerischer Emanzipationsprozesse mit vielfach aufklärungsfremden nationalen Freiheitsbewegungen. Daher ist die Aufklärung außerhalb Englands, Frankreichs und Deutschlands keineswegs nur als ein Export- bzw. Importphänomen zu verstehen, also im Sinne einer Ausdehnung der Aufklärung von „Kernländern" in „Randländer". Obwohl das Phänomen der Ausbreitung der Aufklärung als solches unbestreitbar ist (z.T. auch als Kulturtransfer bzw. Aufklärungstransfer zwischen England, Frankreich und Deutschland stattfand), so setzt doch alle Rezeption ein Interesse aufgrund eigener Probleme voraus, d.h. Kritik der je eigenen Verhältnisse, und insofern ein gewisses Potential an Opposition oder Rebellion. Daher gibt es überall, in Europa und Amerika, Aufklärungsamalgame unterschiedlichster Art.

Im übrigen ist nicht zu übersehen, daß bei der Ausbreitung der Aufklärung unterschiedliche Aufklärungsmodelle oder -typen im Spiel waren, die teils kooperierten, teils konkurrierten, so vor allem die deutsche mit der französischen Aufklärung. Diese unterschieden sich nicht nur vielfach in der Sache, sondern vor allem in der Form, d.h. insbesondere im Ton der Kritik. Deshalb erschien den Zeitgenossen – mit unterschiedlicher Bewertung – die deutsche Aufklärung als moderat, die französische als radikal. Die französische, am Ende des 18. Jahrhunderts schon vielfach als Revolutionsvorbereitung gedeutete Aufklärung konnte sogar als die eigentliche Aufklärung verstanden werden, während die deutsche Reformaufklärung vielen als uneigentliche Aufklärung, gelegentlich sogar als Gegenaufklärung erscheinen konnte.

Bei der Öffnung für die eine oder andere Art von Aufklärung spielten eine Reihe von Faktoren eine Rolle, z. B. die soziale Schiene, auf der sich der Aufklärungstransfer vollzog, also ob es sich um Aufklärungsrezeption im Rahmen allgemeiner Kulturrezeption seitens des Adels handelte (wie im Falle der Bevorzugung der französischen Aufklärung), oder ob es sich um Aufklärungsrezeption im Sinne der Übernahme bürgerlicher Gelehrtenkultur handelte (wie im Falle der Bevorzugung der deutschen Aufklärung). Faktoren von genereller Bedeutung waren überdies geographische oder sprachliche Nähe, gemeinsame religiöse und kulturelle Tradition. So bildete z. B. die englische Aufklärung (im engeren Sinne des Wortes) mit der schottischen Aufklärung, trotz aller erkennbaren Unterschiede aufgrund der politischen und sprachlichen Einheit Großbritanniens eine enge philosophische und literarische Einheit, während Irland nur auf der Ebene der protestantischen Oberschicht an der englischen Aufklärung teilnahm. Auch Österreich und die deutsche Schweiz führten bei aller kulturellen Verknüpfung mit Deutschland, von dem sie religiös und politisch getrennt waren, ein eigenes kulturelles Leben und entwickelten eigene Formen von Aufklärung.

1. Österreich und die Schweiz

In Österreich kam es aufgrund anderer Voraussetzungen zu ganz anderen Entwicklungen als in Deutschland bzw. in Preußen. Österreich war ein durch und durch katholisches Land, in dem infolge der Gegenreformation die Politik und die Kultur nachhaltig durch die Religion bestimmt wurden; noch 1733 wurden die Salzburger Protestanten des Landes verwiesen. Andererseits kam es nach der Jahrhundertmitte, ausgelöst durch die Niederlagen in den Erbfolgekriegen, zu einer Reihe von praktischen Reformen mit dem Ziel der Schaffung eines zentralistischen Absolutismus, aber ohne Bindung an ein theoretisches Aufklärungskonzept wie etwa in Deutschland. Joseph II., der 1780 nach dem Tod der Kaiserin auch offiziell die Regierung übernahm, führte diese Maßnahmen unter Orientierung an Preußen im Sinne eines aufgeklärten Absolutismus weiter und bemühte sich, Österreich durch die Vereinheitlichung der Rechtsordnung, die Abschaffung adeliger Privilegien, vor allem aber durch eine Lockerung des Verhältnisses von Kirche und Staat und damit durch eine Profanisierung der Gesellschaft zu modernisieren. Dabei wurde er, wie schon Maria Theresia, vor allem durch den vielseitigen Reformator Joseph von Sonnenfels (1733–1817) unterstützt, der als jüdischer, zum Christentum konvertierter Bankier aus Darmstadt eingewandert war und als Professor für Staatsrecht in Wien u.a. eine reiche Schriftstellertätigkeit entfaltete. Aber diese wegen des Nachholbedarfs überstürzte Aufklärung von oben, die faktisch eine Revolution von oben war (Josephinismus), scheiterte sehr bald, weil sie, vor allem in der Kirchenpolitik, ohne Basis im Volk war. Kurz vor seinem Tode mußte Joseph II. sogar einige Maßnahmen widerrufen.

Anders hingegen verlief die geistige Entwicklung in der Schweiz. Die Entwicklung der Aufklärung in der Alpenrepublik ist durch deren komplizierte geistige Gemengelage bedingt, vor allem durch den Zerfall in eine deutsche Ostschweiz und eine französische Westschweiz, aber auch durch die Unterschiede zwischen katholischen und protestantischen Kantonen. Dies führte im 18. Jahrhundert, verstärkt durch eine gewisse Rückständigkeit des Bergvolkes im Vergleich zum allgemeinen europäischen Modernisierungsprozeß, zu einer starken „Außenorientierung“ der Schweiz, nämlich der Baseler, Berner und Züricher nach Deutschland, insbesondere nach Preußen, der Genfer nach Paris, aber auch zu einer starken, z.T. antifranzösisch motivierten Rezeption englischsprachiger Literatur in der deutschsprachigen Schweiz, ja sogar deutscher Rechtsphilosophie (in französischer Übersetzung) in der Westschweiz. Viele Schweizer wie Albrecht von Haller verließen ihre Heimat für längere oder kürzere Zeit oder wie Jean-Jacques Rousseau für immer, doch bildeten sich auch eigenständige aufklärerische Zentren wie die Züricher Schule in der Literaturtheorie (Johann Jakob Bodmer und Johann Jakob Breitinger) und die Naturrechtsschule der Westschweiz, deren Vertreter – Jean Barbeyrac (1674–1744), Jean-Jacques Burlamaqui (1694–1784) und Emmerich von Vattel (1714–1767) – u.a. von Pufendorf und Thomasius beeinflußt sind. Im Sinne einer betont patriotischen Reformaufklärung versuchten z.B. Isaak Iselin (1728–1782) und Beat Ludwig von Muralt (1665–1749) im eigenen Land zu wirken; die „Helvetische Gesellschaft" (1761) und andere patriotische Gesellschaften bildeten wichtige Träger einer solchen praktischen und zugleich patriotisch-republikanischen Aufklärung. Im preußischen Neuchâtel entsteht sogar ein moderates Gegenstück zur französischen Enzyklopädie, die *Encyclopédie d'Yverdon* (1770–80).

2. Italien, Spanien und Portugal

Ganz anders stellt sich die Lage der Aufklärung in den südlichen und südwestlichen romanischen Ländern Europas dar – soweit in diesen Ländern überhaupt von größeren Aufklärungsbewegungen gesprochen werden kann. Italien, Spanien und Portugal unterlagen auch in der Aufklärung naturgemäß – aus geographischen wie politischen, religiösen wie kulturellen und insbesondere aus sprachlichen Gründen – vor allem dem französischen Einfluß. Bei genauerem Hinsehen finden sich aber auch in diesen streng katholischen Ländern beachtliche eigenständige, z.T. sogar europaweit wirksame Ansätze zu geistigen und gesellschaftlichen Reformen oder sogar Revolutionen.

In Italien, das im 18. Jahrhundert noch in mehrere Staaten zerfiel und ähnlich wie Deutschland keine Hauptstadt besaß, war der Katholizismus, nicht zuletzt in Gestalt des vatikanischen Kirchenstaates, eine reale, politisch und geistig konservative Macht, die in der Aufklärung fast nur eine Gefahr sah; Rom war daher für viele ein Zentrum der Gegenaufklärung.

Doch entwickelten sich auch innerhalb der Kirche selbst Vorstellungen von einem Reformkatholizismus, wenn auch meist ohne ein theoretisch artikuliertes Aufklärungskonzept, so z.B. bei dem Abt Ludovico Antonio Muratori (1672–1750), der schon früh für eine profane Geschichtswissenschaft und eine Reform der Kultur eintrat. Andere Geistliche wie der Abbé Ferdinando Galiani (1728–1787), der lange in Frankreich gelebt hatte, entfernten sich unter dem Einfluß der französischen Aufklärung sogar innerlich vom Katholizismus. Im übrigen finden sich die profanen Aufklärungsansätze bezeichnenderweise vor allem in der nördlichen Hälfte Italiens. Eine auf Volksaufklärung ausgerichtete Gruppe von jungen Reformern sammelte sich in Mailand um die Zeitschrift *Il Caffè* (1764–66); zu ihnen gehörte auch Cesare Beccaria (1738–1794), der mit seinem Traktat *Über Verbrechen und Strafen* (*Dei delitti e delle pene* 1764), in dem er für die Abschaffung der Folter und der Todesstrafe eintrat, europaweit Aufsehen erregte. In der Toskana, die zu den von Österreich im Sinne des aufgeklärten Absolutismus regierten nördlichen Ländern Italiens gehörte, wurde diese Forderung von Großherzog Leopold I. (1765–1792) sogar kurzfristig verwirklicht. In Neapel, wo Giovanni Battista Vico (1668–1744) seine Kritik am Rationalismus cartesianischer Provenienz mit Hilfe einer neuen, nicht mehr aufklärerischen Geschichtsphilosophie entwickelte, wurde 1799 mit französischer Hilfe sogar eine kurze Jakobinerherrschaft errichtet.

Auch Spanien war genau besehen kein „Land ohne Aufklärung". Nach ersten Anfängen kam es im Ursprungsland der Gegenreformation unter dem Bourbonenkönig Philipp V. (1701–1746) zu einer Reihe von Reformen, die u.a. zur Gründung von Akademien und patriotischen Gesellschaften führten. Einer der wichtigsten Aufklärer bis zur Mitte des Jahrhunderts war der Benediktinerpater Benito Jerónimo Feijóo y Montenegro (1676–1764), der sich auf die französische Philosophie des 17. Jahrhunderts, aber auch auf Newton stützte. Unter Karl III. (1759–1788), dessen Minister Pedro Pablo Alarca de Bolea Aranda (1718–1798), einer der Hauptvertreter der aufgeklärten Bürokraten im aufgeklärten Absolutismus, 1767 die Jesuiten verbieten ließ, erreichte die Liberalisierung in Spanien ihren Höhepunkt. Literatur und Theater erblühten, die volkstümlichen Fronleichnamsspiele hingegen wurden als Gotteslästerung verboten; 1759, zwei Jahrzehnte eher als in Paris, erschien in Madrid die erste Tageszeitung. Allerdings brach die liberale und betont nationale Reformbewegung mit der Eroberung Spaniens durch Napoleon zusammen.

Auch in Portugal hatte der herrschende Katholizismus zunächst alle kritischen Neuerungen unterdrückt. Erst als der von der französischen Aufklärung beeinflußte Marquis de Pombal (1699–1782) 1756 als Premierminister unter Joseph I. (1750–1777) an die Macht kam, änderte sich die Situation schlagartig, insofern nun mit absolutistischer Gewalt eine radikale Modernisierung des Landes in Gang gesetzt wurde. Ein spektakulärer Höhepunkt der antiklerikalen Maßnahmen Pombals war die von Hinrichtungen und Gefangennahmen begleitete Vertreibung der nicht nur bei den Aufklärern verhaßten Jesuiten im Jahre 1759. Damit schien sich Portugal für einen Augenblick sogar an die Spitze der militanten europäischen Aufklärungsbewegung zu stellen. Pombal stürzte allerdings 1777, und Portugal schied aus der europäischen Aufklärungsbewegung wieder aus.

3. Die Niederlande, Dänemark und Schweden

Wiederum anders als im katholischen Süden und Südwesten stellt sich die Aufklärung im überwiegend protestantischen Norden und Nordwesten dar. Während Schottland und Irland ihre Aufklärungsproblematik in ihrer staatlichen und kulturellen Verbindung mit England entfalteten, konnten die Niederlande einerseits und Dänemark und Schweden andererseits relativ selbständig ihre eigenen Probleme durchleben.

Die Niederlande, die in der zweiten Hälfte des 17. und der ersten Hälfte des 18. Jahrhunderts wegen ihrer Toleranz berühmt waren, haben vor allem durch einen umfangreichen Buch- und Zeitungsdruck bei der Entstehung und Vermittlung aufklärerischer Gedanken eine wichtige Rolle gespielt; nach der Aufhebung des Edikts von Nantes wurden sie Zufluchtsort vieler Hugenotten. Diese französisch-protestantische Aufklärung im Exil konnte sich mit dem niederländischen Cartesianismus und der Naturwissenschaft, deren bekannteste Vertreter Christian Huygens (1629–1695) und Antoni van Leeuwenhoek (1632–1723) internationales Ansehen besaßen, verbinden, während die Religionskritik des in Holland lebenden jüdischen Philosophen Baruch de Spinoza (1632–1677) zunächst fast nur auf heftige Ablehnung stieß. Eine Breitenwirkung im Sinne einer Volksaufklärung kam jedenfalls nicht zustande, wurde auch zu dieser Zeit noch kaum intendiert. Erst in der zweiten Hälfte des 18. Jahrhunderts entwickelte sich eine eigenständige niederländische Aufklärung, nicht zuletzt in Reaktion auf die atheistischen und materialistischen Tendenzen der französischen Aufklärung, doch spielten auch politische Gründe wie die Furcht vor einer weiteren Expansion Frankreichs eine Rolle. Die republikanisch gesinnte, in religiösen Dingen aber eher konservative niederländische Reformaufklärung, die sich gelegentlich ähnlich wie in Deutschland als wahre Aufklärung („ware verlichting") verstand, erstrebte einen Kompromiß zwischen Glauben und Vernunft sowie eine Erneuerung der Gesellschaft durch Moral. Auch sie wurde ein Opfer der 1795 im Namen der Revolution erfolgten Eroberung der Niederlande durch Frankreich.

Dänemark war im 18. Jahrhundert noch eine bedeutende Macht, deren Territorium sich bis Hamburg erstreckte. Demzufolge bestand Dänemark aus zwei verschiedenen Volksgruppen mit unterschiedlichen Sprachen und Interessen auch unter den Trägern der Aufklärung, die aber bei praktischen Reformen wie bei der Einführung einer Schulordnung durchaus zusammenarbeiteten. Aufgrund dieses starken Anteils von Deutschen (bis in die höchsten Staatsämter) war die geistige Situation in Dänemark schon früh vor allem durch die Auseinandersetzung mit den geistigen Strömungen Deutschlands (mit dem Pietismus, aber auch mit dem Wolffianismus) geprägt. In der zweiten Hälfte des 18. Jahrhunderts lehrte z.B.

noch Johann Bernhard Basedow (1723–1790) an der Ritterakademie von Sorø; der deutsche Leibarzt des geisteskranken Königs Christian VII., Johann Friedrich Struensee (1737–1772), ein radikaler Aufklärer, sorgte 1770 für die Aufhebung der Zensur, was Dänemark den Ruf eines besonders freien Landes einbrachte. Der bedeutendste Repräsentant der dänischen Volksgruppe war der Schriftsteller Ludvig Holberg (1684–1754), der bei Thomasius in Halle studiert hatte, selber Naturrecht lehrte und einen aufgeklärten Absolutismus vertrat; er bekämpfte vor allem die religiöse Intoleranz, während andere Aufklärer aus dem dänischen Bürgertum später auch eine Adelskritik propagierten.

Die Aufklärung in Schweden hat von Anfang an stark unter französischem Einfluß gestanden, weil hier die Aufklärung über den Adel ins Land kam, vielleicht aber auch wegen Schwedens ursprünglicher Feindschaft gegen Preußen. Nach relativ unbedeutenden Ansätzen zur Entwicklung von Aufklärungsideen in der ersten Hälfte, öffnet sich das Land seit der Mitte des Jahrhunderts mehr und mehr dem Einfluß der französischen Kultur und damit auch dem Import der französischen Aufklärung. Dabei haben Adolf Friedrich (1751–1771) und seine Gemahlin Luise Ulrike (1720–1782) eine maßgebliche Rolle gespielt. Nach der frühen Gründung einer Akademie der Wissenschaften (1739) werden nun eine Akademie der Schönen Literatur und Geschichte, eine Oper, ein Nationaltheater und die *Schwedische Akademie* gegründet. Seit 1760 erscheint der *Schwedische Merkur*, ein journalistisches Forum für die Aufklärung; 1766 wird eine begrenzte Pressefreiheit gewährt. Im Laufe dieser Entwicklung tritt neben das französische Wort für *aufklären* (*éclairer*) allmählich auch das dem deutschen Wort *Aufklärung* nachempfundene schwedische *upplysning*. Zugleich zeigen sich die Grenzen dieser Aufklärungsrezeption. Die französische Religions- und Kirchenkritik fand im protestantischen Schweden so gut wie kein Echo; die politischen Ambitionen der schwedischen Aufklärung hingegen schwankten wie fast überall zwischen Hoffnungen auf einen aufgeklärten Absolutismus und Neigungen zur Republik. Bedeutende Vertreter der schwedischen Aufklärung, wie der Botaniker Carl von Linné (1707–1778) und der Naturphilosoph und Theologe Emanuel Swedenborg (1688–1772), entwickeln überdies noch oder schon wieder eine starke Neigung zum Irrationalismus. Aber schon vor dem Ausbruch der Französischen Revolution und erst recht danach beginnt sich das geistige Klima zu ändern. Gustav III. (1771–1792), der ursprünglich der Aufklärung zugeneigt war, wandte sich mehr und mehr gegen sie, weil sie (in ihrer französischen Form) offensichtlich Monarchie und Religion bedrohte. In den neunziger Jahren setzte dann auch in Schweden, vermutlich unter deutschem Einfluß, eine Diskussion über die wahre Aufklärung ein.

4. Polen, Rußland und Ungarn

In Ost- und Südosteuropa scheint die Aufklärung, jedenfalls auf den ersten Blick, nur ein Schattendasein geführt zu haben. Die Trägerschicht der vorhandenen Aufklärungsbewegung war noch dünner als in Westeuropa, und bis auf wenige Ausnahmen fehlt es auch an großen Einzelpersönlichkeiten. Dieser Mangel an durchschlagenden Aufklärungs- und Reformprozessen hatte vor allem drei eng miteinander verbundene Gründe: der allgemeine Mangel an Bildung, die besonders große Armut der Masse der Menschen und die starke Stellung der katholischen bzw. orthodoxen Kirche. Die Rückständigkeit auf weiten Gebieten, vor allem im Vergleich mit Mittel- und Westeuropa, rief zwar nach Reformen aller Art, stand aber zugleich der geistigen Reform durch die Aufklärung, z.T. bis heute, im Wege.

Polen war im 18. Jahrhundert ein durch und durch katholisches Land, das Geistesleben war hier immer noch durch die jesuitische Gegenreformation bestimmt. Doch fanden sich, wie im niederen und mittleren Adel, so auch in der Geistlichkeit, die meist bürgerlicher Herkunft war, schon in der ersten Hälfte des Jahrhunderts Befürworter einer Bildungsreform, die z.B. zur Gründung einer Ritterschule in Warschau (1740) führten. Dabei stießen unterschiedliche Aufklärungsansätze zusammen. Während zunächst wichtige Reformanstöße aus Deutschland gekommen waren, wurde nach der Krönung von Stanislaus II. August Poniatowski (1764–1795) der französische Einfluß sehr stark. Mit der Rezeption der französischen Kultur, die allerdings weitgehend auf den Adel beschränkt blieb, kamen dann auch französische Aufklärungsideen ins Land und mit ihr Religionskritik und Feudalismuskritik. Gleichzeitig begann angesichts der politischen Lage der Nation eine breitere gesellschaftliche Reformdebatte. Am 3.5. 1791 verabschiedete das polnische Parlament als erstes Land in Europa eine geschriebene Verfassung. Doch hatten die folgenden Teilungen Polens durch Rußland, Deutschland und Österreich auch ein schnelles Ende der Aufklärung zur Folge.

In Rußland begann die Aufklärung, wenn man den Begriff sehr weit faßt, schon früh, nämlich mit dem absolutistischen Herrscher Peter I. (1682–1725). Der Zar versuchte unter dem Einfluß „westlicher Ideen“ eine gewaltsame und rücksichtslose Modernisierung Rußlands durchzusetzen. Dabei ging es nicht so sehr um die Aufklärung des Volkes als vielmehr um die Modernisierung des Staates, insbesondere seiner Wirtschaft und seines Heeres; aber selbst die diesbezüglichen Maßnahmen, z.B. die Gründung der Akademie der Wissenschaften (1724), blieben in Ansätzen stecken. Erst mit der Gründung der Moskauer Universität (1755) und der Akademie der Künste (1757) in Petersburg begann unter der Zarin Elisabeth (1741–1762) die Aufklärung zumindest in der Führungselite Fuß zu fassen, wobei vor allem Mikhail Vasilyevich Lomonosov (1711–1765), der aus der Wolffschen Schule kam, eine wichtige Rolle spielte. Die religiös freizügige, politisch aber auf absolute Macht bedachte Zarin Katharina II. (1762–1796) wandte sich dann den französischen Aufklärern zu und öffnete das Land weiter für die westliche Kultur. Doch blieb die zunehmende Bildung immer auf eine dünne Oberschicht beschränkt, während die große Masse des Volkes ausgeschlossen und voller Mißtrauen gegenüber den „westlichen Ideen“ blieb; sie wurde geistig von der orthodoxen Kirche beherrscht. Als dann die Französische Revolution den aufgeklärten Absolutismus selber bedrohte, brach auch in Rußland der Aufklärungsprozeß schlagartig ab.

In Südosteuropa konnte die Aufklärung vor allem in Ungarn Fuß fassen, wohl nicht zuletzt aufgrund der politischen Anbindung an Österreich – wenn auch vergleichsweise spät, eigentlich erst in den siebziger Jahren. Die ungarische Aufklärung sympathisierte allerdings nur sehr begrenzt mit dem österreichischen Josephinismus; denn sie war weitgehend, ob adelig oder bürgerlich, patriotisch oder ‚national' gesinnt. Die Träger dieser Aufklärung kamen angesichts des Fehlens einer allgemeinen Bildung zum größten Teil aus den alten Eliten. Der Begründer der Aufklärungsliteratur in Ungarn, György Bessenyei (1747–1811), war ein ehemaliger Leibgardist der Kaiserin Maria Theresia; andere Schriftsteller kamen aus verschiedenen religiösen Orden. Und wie überall nahm die Zeitschriften- und Buchproduktion rapide zu, besonders während der Regierungszeit Josephs II. Innerhalb des bürgerlichen Lagers wandte sich eine kleine Gruppe am Ende des Jahrhunderts sogar kurzfristig den radikalen Ideen der Französischen Revolution zu.

5. Amerika

Ähnlich und doch ganz anders als in Europa stellt sich im 18. Jahrhundert die geistige Situation in Amerika dar. Amerika, bis zum Ende des 18. Jahrhunderts in weiten Teilen noch europäische Kolonie, spiegelte im Zeitalter der Aufklärung zunächst nur die geistigen Bewegungen in Europa wider, zumal es nach wie vor Einwandererland war. Das katholische Südamerika, das sich in spanischer und portugiesischer Hand befand, nahm von der Aufklärung so gut wie gar keine Notiz. In Nordamerika beobachtete man zumindest vereinzelt die Reformbewegungen in England, Frankreich und Deutschland; mangels eigener Schriftsteller wurden vorerst die europäischen gelesen. Andererseits war hier, in einem Land fast ohne die Last verkrusteter Traditionen, der Boden für moderne Ideen auch besonders günstig. Forderungen wie die nach religiöser

Toleranz und Achtung der Menschenrechte gehörten sozusagen zum Geburtsbrief des Landes und förderten so z.B. die Aufnahme naturrechtlicher Grundsätze und republikanischer Tendenzen, die dann in den Unabhängigkeitskriegen und besonders in den Texten der *Declaration of Independence* (1776) und der *Bill of Rights* (1791) zum Ausdruck kamen. Führende Persönlichkeiten dieser Zeit wie Thomas Paine (1737–1809), Benjamin Franklin (1706–1790) oder Thomas Jefferson (1743–1826) hielten Kontakt zum aufklärerischen Europa. Die Rebellion der amerikanischen Kolonien gegen das englische Mutterland war zwar ursprünglich und hauptsächlich eine ökonomische Oppositionsbewegung gewesen, aber sie gab sich ihre Legitimation im Namen von Aufklärungsideen, die im wesentlichen aus England, z.T. jedoch auch aus Frankreich und Deutschland stammten. Die Vereinigten Staaten von Nordamerika wurden, indem sie sich von der englischen Monarchie lossagten, zur ersten modernen Demokratie mit einer geschriebenen Verfassung, die dem Individuum – ganz im Sinne der Aufklärung – Freiheit und das Recht, sein eigenes Glück zu suchen (*pursuit of happiness*), garantierte. Dies sollte nicht ohne Rückwirkung auf die europäische Aufklärung bleiben. Vielen europäischen Schriftstellern des 18. Jahrhunderts erschien Amerika jetzt als das Land der Freiheit.

Offensichtlich sind Rezeption der Aufklärung und Rebellion der Aufklärer auf vielfache Weise miteinander verbunden. Auf der einen Seite ist es das Oppositions- oder Rebellionspotential in den verschiedenen europäischen Ländern, also die Kritik der inneren Verhältnisse des eigenen Landes, die zur Entwicklung einer eigenen oder Aneignung einer fremden Aufklärung führt. Auf der anderen Seite ist es die Rebellion oder Revolution in einem anderen Land (sei es Amerika, sei es Frankreich), die zur Nachahmung im eigenen Land reizt oder beiträgt. Aber es kann auch geschehen, daß die Revolutionsrezeption, insbesondere der gewaltsame Revolutionsimport durch eine ausländische Revolutionsarmee, wie in Folge der Französischen Revolution, zu Gegenrevolutionen und zum Ende der Aufklärungsrezeption, also zur Rebellion gegen die Rebellion, führt.

VI. Aufklärung – das Ende einer Epoche?

1. Das Scheitern der Aufklärung

Schon vor 1780 beginnt die Aufklärung in ihren ‚Kernländern' erkennbar an Auszehrung zu leiden. Während die großen Vorkämpfer und Vertreter der Aufklärung allmählich wegsterben, verlieren die Parolen der Aufklärung (nicht zuletzt das Wort *Aufklärung* selber) durch ihre ständige Wiederholung mehr und mehr ihre Zug- und Schlagkraft. Gleichzeitig kommt es überall zu offen irrationalistischen Gegenbewegungen, denen sich vor allem die junge Generation anschließt. An die Stelle des alten Sentimentalismus, der sich mit dem Moralismus der Aufklärung verknüpft hatte, treten jetzt wilde Aufwertungen des Gefühls und der Einbildungskraft, der Natur und der Geschichte, des Wunderbaren und Ungeheuerlichen; das Dunkle gewinnt an Faszination, und diese richtet sich gegen die sogenannte oberflächliche Verstandesklarheit. Außerdem gibt es einerseits ein neues religiöses Bedürfnis, das durch die Vernunftreligion unbefriedigt bleibt, andererseits aber auch ein wachsendes politisches Bedürfnis der Mächtigen, den drohenden oder befürchteten Auswirkungen der Aufklärung administrativ entgegenzutreten. So oder so gerät die einstmals offensive Aufklärung mehr und mehr in die Defensive.

Entscheidend für das Ende der Aufklärung war dann das Ereignis der Französischen Revolution. Im ersten Augenblick schien sie zwar die Verwirklichung grundlegender Forderungen der Aufklärung zu versprechen; daher erregte sie bei vielen, auch bei aufklärungsfernen Intellektuellen, vor allem in Deutschland, eine große Begeisterung (während die Sympathie der Herrscher und der vielen Adeligen, die in der französischen Aufklärung die französische Kultur bewundert hatten, 1789 ziemlich abrupt endete). Als aber in Paris der König hingerichtet wurde und der Terror zu regieren begann, änderte sich das geistige und politische Klima schnell. Die nationalen Kriege, die überall infolge der Revolution ausbrachen, insbesondere die Eroberungskriege Napoleons, zerstörten dann auch die „Internationale der Aufklärung"; der Traum vom vernünftigen Weltbürgertum kollidierte mit der geschichtlichen Realität von Volk und Nation. Der Staat selbst wurde jetzt nicht mehr – mit Hilfe der Hypothese eines Gesellschaftsvertrages – als Mittel zu einem Zweck (Freiheit, Gerechtigkeit, Besitzschutz usw.) verstanden, sondern – remythisiert – als natürlicher oder geschichtlicher Organismus oder sogar als göttliche Idee.

Das Ende der Aufklärung kann je nach Standpunkt als Scheitern und Überwindung oder als Krise und Transformation betrachtet werden, also als Sieg einer Gegenaufklärung bzw. neuer Ideen oder als bloßer Durchgang zu einer neuen, höheren Aufklärung. Der Streit ist noch lange nicht ausgestanden: Bedeutet das Ende der Aufklärung ein endgültiges Scheitern der illusionären Idee einer freien Menschenvernunft, oder handelt es sich dabei nur um einen vorübergehenden Schwächeanfall der Moderne? Zunächst wird man wohl kaum umhin können, das klägliche Enden und insofern Scheitern der geschichtlichen Aufklärung am Ende des 18. Jahrhunderts zu konstatieren. Auch wenn die Ideen der Aufklärung am Ende des 18. Jahrhunderts nicht weniger Wahrheiten enthielten als am Anfang, so enthielten sie jetzt offenbar nicht mehr genug. Schon die Akzentverschiebung bei vielen Parolen im Laufe des Jahrhunderts (von *Verstand* zu *Vernunft*, von *Tugend* zu *Freiheit*, von *natürlichen Pflichten* zu *natürlichen Rechten*) verweist auf das Bemühen der Aufklärung, der sich wandelnden Wirklichkeit bzw. Wirklichkeitserfahrung gerecht zu werden, was aber offensichtlich nur teilweise gelang. Die Aufklärung ermöglichte Erfahrungen (z. B. die Aufwertung des freien Gefühls), die sie selber nicht mehr verstand. Vor allem die Französische Revolution stellte, indem sie, wenn auch nur kurzfristig, neue, z.T. seit langem erstrebte Möglichkeiten menschlichen Zusammenlebens verwirklichte, das Denken vor neue Probleme, die mit den begrifflichen Mitteln der Aufklärung anscheinend nicht zu bewältigen waren.

Allerdings darf nicht übersehen werden, daß das Scheitern der Aufklärung auch eine Folge ihres Erfolgs gewesen ist. Viele ihrer Errungenschaften wie die Einforderung von Menschenrechten und Toleranz sind, obwohl faktisch immer wieder gefährdet, im Grunde selbstverständlich geworden; einige ihrer Postulate haben sogar durch Rechtsreformen Eingang in die staatlichen Ordnungen gefunden. Insbesondere auf dem Gebiet der Erziehung und Bildung hat sie die allgemeinen Modernisierungsprozesse durch die Bekämpfung des Analphabetismus beschleunigt, aber auch praktische Maßnahmen auf dem Gebiete der Medizin und Hygiene befördert. Vor allem aber hat die Aufklärung in den Ländern, in denen sie eine gewisse Breiten- und Tiefenwirkung gehabt hat, eine vernunftorientierte Mentalität erzeugt und damit eine argumentative Kritikfähigkeit, die heute wie selbstverständlich (zumindest als Forderung) den Alltag durchdringt. Zwar sind Rückfälle, religiös oder politisch bestimmte Restaurationsversuche aller Art, jederzeit möglich, aber auch das Durchschauen solcher Veranstaltungen als Romantik oder bloßes Theater.

Doch ist auch mit Nachdruck festzuhalten, daß nicht nur die Aufklärung des 18. Jahrhunderts in ihrer damaligen Gestalt aus geschichtlichen Gründen gescheitert ist, sondern Aufklärung auch, abstrakt und allgemein verstanden – sowohl als Erkenntnisgewinnung (Selbstaufklärung) wie als Erkenntnisvermittlung (Aufklärung der anderen) – prinzipiell problematisch ist und daher immer in der Gefahr des Scheiterns steht. Denn nicht nur die theoretische, sondern auch die praktische Vernunft scheint bornierter zu sein, als engagierte Aufklärer in der Regel anzunehmen bereit sind. Zwar hatte die Frage nach den Möglichkeiten und Grenzen der Erkenntnis die Aufklärung von Anfang an begleitet und am Ende sogar zu einer radikalen Erkenntniskritik geführt, aber die individuelle empirische oder rationale Erkenntnisgewißheit blieb doch weitgehend erhalten. Zwar wurde auch die Frage nach den Möglichkeiten und Grenzen moralischer Besserung immer wieder erörtert, doch war die Tugend als solche von den meisten Philosophen und Dichtern letztlich nicht in Frage gestellt worden. Vor allem aber wurde und wird das Problem der Aufklärung des anderen (Fremdaufklärung im Unterschied zur Selbstaufklärung), also das der Aufklärung im gebräuchlichen Sinne des Wortes, immer noch unterschätzt. Aufklärung erreicht meist gar nicht diejenigen, die ihrer am meisten bedürfen; nicht selten sind diese sogar weder aufklärungswillig noch aufklärungsfähig. Die Wahrscheinlichkeit, daß Aufklärung gelingt, ist daher immer geringer als die, daß sie mißlingt.

2. Die Aktualität der Aufklärung

Das vielleicht größte Problem, das die Aufklärung hinterlassen hat, ist die Frage nach ihrer eigenen Funktion, d.h. die Frage nach den Möglichkeiten und Grenzen der Aufklärung, und zwar vor allem angesichts der durch sie selbst geschaffenen Probleme. Da viele Errungenschaften der Aufklärung auch durch das Ende der Epoche und deren nachfolgende Verachtung nicht rückgängig gemacht werden konnten, zugleich aber infolge der durch die Aufklärung möglich gewordenen Entwicklungen neue Probleme entstanden sind, leben wir auch heute noch auf der Basis der Folgen und der Folgekosten der Aufklärung. Zwar sind viele Probleme aus der allgemeinen Modernisierung der Welt als solcher entstanden, doch werden sie verständlicherweise vor allem der Aufklärung angelastet, da diese auf weite Strecken sozusagen die Ideologie der Modernisierung geliefert hat. Jedenfalls hat sie (durch ihre Berufung auf die Vernunft gegen die Tradition) den an sich alten Gegensatz zwischen Vergangenheitsorientierung und Zukunftsbewältigung aufs äußerste verschärft. Tradition und Emanzipation, Modernismus und Antimodernismus, Wertkonservativismus und Fortschrittsbegeisterung stehen sich überall tagtäglich gegenüber; der Riß geht nicht zuletzt durch die Individuen hindurch. Insofern ist Aufklärung selber ein Problem von immer neuer Aktualität.

Man kann diese, aber auch eine Reihe anderer bipolarer Probleme unter dem weiten Begriff einer „Dialektik der Aufklärung" rubrizieren. Damit kann man dann z.B. meinen, daß nach Epochen einer Hochwertung des Verstandes immer wieder Epochen großer Gläubigkeit folgen (was auch im 18. Jahrhundert schon gesehen und befürchtet wurde). Man kann damit auch meinen, daß durch die angestrengte Vorherrschaft des Verstandes Sinnlichkeit und Leiblichkeit so unterdrückt werden, daß diese Verdrängungen in der einen oder anderen Form zurückschlagen (wie es auch im 18. Jahrhundert de facto geschehen ist), oder auch daß engagierter Humanismus in militanten Terrorismus umschlagen müsse. Außerdem kann man damit noch allgemeiner meinen, daß die Aufklärung (immer schon) den Mythos bekämpft habe, selber aber (immer schon) zum Mythos degeneriert sei, daß also einerseits alles Mythos, andererseits auch alles Aufklärung sei. Allerdings würden, wenn diese These konkret werden soll, zahlreiche Differenzierungen, insbesondere im Aufklärungsbegriff, nötig; zumindest sollte Aufklärung nicht verfälschend mit positivistischer und technisierbarer Wissenschaft gleichgesetzt werden. In jedem Fall bleibt zunächst noch unklar, ob diese Aufklärung über Aufklärung ihrerseits nur noch selbstzufriedene Kulturkritik oder Vorbereitung für eine reflektiertere Aufklärung sein will.

So oder so ist bloße Aufklärungsschelte oder unkritische Aufklärungskritik wenig hilfreich. Denn natürlich ist alle Aufklärungskritik – nicht nur in zeitlicher, sondern auch in sachlicher Hinsicht – selber erst durch die Aufklärung möglich geworden. Aufklärungskritik setzt Aufklärung als Möglichkeit wie als Wirklichkeit voraus, sie ist selber Aufklärung über Aufklärung; Aufklärungskritik ist Kritik einer als Kritik verstandenen Aufklärung, also Metakritik, die allerdings selbst in Dogmatismus oder Irrationalismus zurückfallen kann. Daher darf von einer Aufklärungskritik, die der Aufklärung Mangel an Selbstreflexion vorwirft, vor allem eine eigene Selbstreflexion erwartet werden. An sich ist Aufklärungskritik, auch wenn sie sich selbst so mißversteht, keine Gegenaufklärung, sondern tendenziell höhere Aufklärung. Solange sie keinen salto mortale ins Dogmatische oder Irrationale macht, ist sie selber nur die Fortsetzung der Aufklärung; sie löst deren Probleme nicht, sie verschärft sie im Grunde.

Natürlich ist Aufklärung im Sinne fortgesetzter Reflexion oder endloser Analysen langweilig und trostlos. Die Frage ist nur: Was ist die Alternative? Über das dumpfe Gefühl, daß unsere Verstandeserkenntnis nicht alles ist, braucht nicht gestritten zu werden. Wohl aber müßte dringend nachgedacht werden, wenn behauptet würde, die Vernunft müßte sich selber im Namen von irgend etwas opfern. Selbstverdummung und Selbstverblendung kann das Denken im Grunde nicht wollen, auch wenn alle Aufklärung bisher vielleicht keine vernünftigen Antworten auf unsere Probleme weiß.

Danksagung

Großen Dank schulde ich meinen Mitarbeitern in der Arbeitsstelle für Aufklärungsforschung am Philosophischen Seminar der Universität Münster: Martin Dallheimer, Stefan Kumbier, Mirjam Reischert und last but not least Regina Robert. Ohne ihre tatkräftige Unterstützung hätte ich diese kleine Synopse nicht in angemessener Zeit realisieren können.

Münster im Oktober 1996

Literaturauswahl

Die vorliegende Literaturauswahl soll Möglichkeiten zu einer ersten Vertiefung in das Zeitalter der Aufklärung eröffnen. Daher wurden nur Bücher aufgenommen, die allgemeine oder besonders wichtige Aspekte der Aufklärung behandeln; Monographien zu einzelnen Personen, Ausgaben von Werken oder Textsammlungen sowie Aufsätze wurden nicht aufgenommen. Für weitergehende Interessen bieten die meisten der hier genannten Bücher detaillierte Überblicke zur jeweiligen Forschungsliteratur.

Alt, Peter-André: *Aufklärung* (Stuttgart, Weimar 1996).

Bäumler, Alfred: *Das Irrationalitätsproblem in der Ästhetik und Logik des 18. Jh. bis zur Kritik der Urteilskraft* (Darmstadt 1967).

Baruzzi, Arno (Hg.): *Aufklärung und Materialismus im Frankreich des 18. Jahrhunderts* (München 1968).

Beck, Lewis White: *Early German Philosophy. Kant and his Predecessors* (Cambridge, Mass. 1969).

Becker, Karin Elisabeth: *Licht – [L]lumière[s] – Siècle des Lumières. Von der Lichtmetapher zum Epochenbegriff der Aufklärung in Frankreich* (Inaug. Diss. Köln 1994).

Cassirer, Ernst: *Die Philosophie der Aufklärung* (Tübingen 1932).

Dieckmann, Herbert: *Diderot und die Aufklärung. Aufsätze zur europäischen Literatur des 18. Jahrhunderts* (Stuttgart 1972).

– *Studien zur europäischen Aufklärung* (München 1974).

Fabian, Bernhard/Schmidt-Biggemann, Wilhelm (Hg.): *Das achtzehnte Jahrhundert als Epoche* (Nendeln 1978).

Fontius, Martin/Schneiders, Werner: *Die Philosophie und die Belles-Lettres* (Berlin 1996).

Förster, Wolfgang (Hg.): *Aufklärung in Berlin* (Berlin 1989).

Gay, Peter: *Enlightenment: An Interpretation – The Rise of Modern Paganism* (London 1967).

– *Enlightenment: An Interpretation – The Science of Freedom* (London 1970).

Geyer, Paul (Hg.): *Das 18. Jahrhundert. Aufklärung* (Regensburg 1995).

Grimm, Jürgen (Hg.): *Französische Literaturgeschichte* (Stuttgart 1989).

Grimminger, Rolf (Hg.): *Hansers Sozialgeschichte der deutschen Literatur vom 16. Jh. bis zur Gegenwart. Bd. 3. Deutsche Aufklärung bis zur Französischen Revolution 1680–1789* (München, Wien 1980).

Hazard, Paul: *Die Krise des europäischen Geistes 1680–1715* (Hamburg 1939).

– *Die Herrschaft der Vernunft. Das europäische Denken im 18. Jh.* (Hamburg 1949).

Erziehung im Konstitutionsprozeß der bürgerlichen Gesellschaft im 18. und frühen 19. Jahrhundert in Deutschland (Weinheim 1993).
Im Hof, Ulrich: *Das Europa der Aufklärung* (1993; 2. Aufl. München 1995).
Jüttner, Siegfried/Schlobach, Jochen (Hg.): *Europäische Aufklärung(en). Einheit und nationale Vielfalt* (Hamburg 1992).
Knabe, Peter-Eckhard (Hg.): *Schlüsselbegriffe des kunsttheoretischen Denkens in Frankreich von der Spätklassik bis zum Ende der Aufklärung* (Düsseldorf 1972).
– (Hg.): *Frankreich im Zeitalter der Aufklärung. Eine Kölner Ringvorlesung* (Köln 1985).
Kondylis, Panajotis: *Die Aufklärung im Rahmen des neuzeitlichen Rationalismus* (Stuttgart 1981).
Krauss, Werner: *Perspektiven und Probleme. Zur französischen und deutschen Aufklärung und andere Aufsätze* (Neuwied, Berlin 1965).
Martens, Wolfgang: *Die Botschaft der Tugend. Die Aufklärung im Spiegel der deutschen moralischen Wochenschriften* (Stuttgart 1968).
Merker, Nicolao: *Die Aufklärung in Deutschland* (München 1982).
Möller, Horst: *Vernunft und Kritik. Deutsche Aufklärung im 17. und 18. Jahrhundert* (Frankfurt/Main 1986).
Mondot, Jean/Valentin, Jean-Marie/Voss, Jürgen (Hg.): *Deutsche in Frankreich, Franzosen in Deutschland 1715–1789. Allemands en France, Français en Allemagne 1715–1789* (Sigmaringen 1992).
Mortier, Roland: *Clartés et Ombres du Siècle des Lumières. Etudes sur le XVIIIe siècle littéraire* (Genf 1969).
Pütz, Peter: *Die deutsche Aufklärung* (Darmstadt 1978).
Raabe, Paul/Schmidt-Biggemann, Wilhelm (Hg.): *Aufklärung in Deutschland* (Bonn 1979).
Röd, Wolfgang: *Die Philosophie der Neuzeit 2, Von Newton bis Rousseau* in: Röd, Wolfgang (Hg.), *Geschichte der Philosophie, Bd. 8* (München 1984).
Sauder, Gerhard/Schlobach, Jochen (Hg.): *Aufklärungen. Frankreich und Deutschland im 18. Jahrhundert*, Bd. I (Heidelberg 1985).
Schalk, Fritz: *Studien zur französischen Aufklärung* (1964; 2. erw. Aufl. Frankfurt/Main 1977).
Schneiders, Werner: *Die wahre Aufklärung. Zum Selbstverständnis der deutschen Aufklärung* (Freiburg, München 1974).
– *Aufklärung und Vorurteilskritik. Studien zur Geschichte der Vorurteilstheorie*, in: Hinske, Norbert (Hg.), *Forschungen und Materialien zur deutschen Aufklärung*, Abtl. II, Bd. 2 (Stuttgart, Bad Cannstatt 1983).
– *Hoffnung auf Vernunft. Aufklärungsphilosophie in Deutschland* (Hamburg 1990).
– (Hg.) *Aufklärung als Mission, La mission des Lumières. Akzeptanzprobleme und Kommunikationsdefizite, Accueil réciproque et difficultés de communication* (Marburg 1993).
– (Hg.) *Lexikon der Aufklärung* (München 1995).

Schrader, Wolfgang H.: *Ethik und Anthropologie in der englischen Aufklärung. Der Wandel der moral-sense-Theorie von Shaftesbury bis Hume* (Hamburg 1984).

Schröder, Winfried u. a.: *Französische Aufklärung. Bürgerliche Emanzipation, Literatur und Bewußtseinsbildung* (Leipzig 1979).

Standop, Ewald/Mertner, Edgar: *Englische Literaturgeschichte* (1967; 3. erw. Aufl. Heidelberg 1976).

Vierhaus, Rudolf (Hg.): *Wissenschaften im Zeitalter der Aufklärung* (Göttingen 1985).

– *Deutschland im 18. Jahrhundert. Politische Verfassung, soziales Gefüge, geistige Bewegungen* (Göttingen 1987).

– *Was war Aufklärung?* (Göttingen 1995).

Voss, Jürgen: *Deutsch-französische Beziehungen im Spannungsfeld von Absolutismus, Aufklärung und Revolution* (Bonn, Berlin 1992).

Wundt, Max: *Die deutsche Schulphilosophie im Zeitalter der Aufklärung* (Tübingen 1945).

Personenregister

Aus dem Verlagsprogramm

Reihe „Denker“ – herausgegeben von Otfried Höffe

Otfried Höffe
Aristoteles
2., überarbeitete Auflage. 1999
334 Seiten mit 7 Abbildungen. Paperback
(Beck'sche Reihe Band 535)

Christoph Horn
Augustinus
1995. 185 Seiten mit 4 Abbildungen. Paperback
(Beck'sche Reihe Band 531)

Verena Mayer
Gottlob Frege
1996. 176 Seiten mit 7 Abbildungen. Paperback
(Beck'sche Reihe Band 534)

Jan P. Beckmann
Wilhelm von Ockham
1996. 213 Seiten mit 4 Abbildungen. Paperback
(Beck'sche Reihe Band 533)

Hans Michael Baumgartner/Harald Korten
Friedrich Wilhelm Joseph Schelling
1996. 262 Seiten mit 9 Abbildungen. Paperback
(Beck'sche Reihe Band 536)

Wolfgang Bartuschat
Baruch de Spinoza
1996. 202 Seiten mit 5 Abbildungen. Paperback
(Beck'sche Reihe Band 537)

Wilhelm Vossenkuhl
Ludwig Wittgenstein
1995. 338 Seiten mit 8 Abbildungen. Paperback
(Beck'sche Reihe Band 532)

C.H.BECK WISSEN

in der Beck'schen Reihe

Zuletzt erschienen:

2182: Rossi, **Der Vatikan**
2209: Rexroth, **Beethovens Symphonien**
2211: Demmler, **Schumanns Sinfonien**
2307: Rexroth, **Deutsche Geschichte im Mittelalter**
2330: Arens/Braun, **Die Indianer Nordamerikas**
2331: Jánosi, **Die Pyramiden**
2332: Meier, **Justinian**
2333: Steinbacher, **Auschwitz**
2334: Junker, **Geschichte der Biologie**
2335: Simek, **Götter und Kulte der Germanen**
2336: Sinn, **Athen**
2337: Blome/Zaun, **Der Urknall**
2338: Thorau, **Die Kreuzzüge**
2339: Tamcke, **Das orthodoxe Christentum**
2340: Schwerhoff, **Die Inquisition**
2341: Riese, **Machu Picchu**
2342: Parzinger, **Die Skythen**
2343: Halm, **Die Araber**
2344: von Brück, **Zen**
2345: Müller, **Doping**
2346: Fritzsch, **Elementarteilchen**
2347: Thamer, **Die Französische Revolution**
2348: Schwertheim, **Kleinasien in der Antike**
2349: Jursa, **Die Babylonier**
2350: Chaniotis, **Das antike Kreta**
2351: Müller, **Berg Athos**
2352: Rudolph, **Islamische Philosophie**
2353: Böhm, **Geschichte der Pädagogik**
2354: Höllmann, **Die Seidenstraße**
2355: Tuchtenhagen, **Geschichte der baltischen Länder**
2356: Hösch, **Geschichte des Balkans**
2357: Alt, **Friedrich Schiller**
2358: Halm, **Die Schiiten**
2359: Braun, **Die 101 wichtigsten Erfindungen der Weltgeschichte**
2360: Schön, **Pilze**
2361: Wirsching, **Paar- und Familientherapie**
2365: Hutter, **Die Weltreligionen**
2367: Schmidt-Glintzer, **Buddhismus**
2368: Ulrich, **Stalingrad**
2369: Vocelka, **Österreichische Geschichte**
2500: Rümelin, **Paul Klee**
2501: Busch, **Adolph Menzel**